今さら聞けない！

政治のキホンが2時間で全部頭に入る

プロ個別指導教室SS-1 社会科教務主任
「中学受験情報局かしこい塾の使い方」主任相談員

馬屋原 吉博

JN132973

すばる舎

はじめに

🏛 本書の特徴

本書を手に取ってくださった皆様、本当にありがとうございます。

この本は、「政治」について、とにかくわかりやすく解説することをめざして書いた本です。

政治家や官僚、ジャーナリストなどが、それぞれ独自の視点から日本の政治について語る本は巷にあふれています。しかし、「教科書に書いてあるレベルの内容」を「体系的」に、かつ「わかりやすく」語ってくれる本はなかなか見当たりません。

「衆議院と参議院の選挙制度の違い」「国と地方の関係」「集団的自衛権」といった、一歩踏み込んだ部分に関する知識はもちろん、それ以前の、「政治って何？」「憲法って何？」「主権って何？」といった「そもそも」の部分から、丁寧にわかりやすく解説してくれる本があってもいいのではないだろうか。そう考えて、この本を執筆しました。

ひとつひとつの言葉の意味や、その背景にある思想について、イチから学び直してみたいけれど、教科書や参考書を読んでもいまいちピンとこない……。本書がそんな方のお役に立つことができれば、著者として大変うれしく思います。

🏛 ギインナイカクセイって、何？

突然ですが、10歳前後の子どもに「ギインナイカクセイって、何？」と聞かれたら、皆様ならどうされますか？

自己紹介が遅くなりました。私、馬屋原吉博と申します。普段は

はじめに

　SS-1（エスエスワン）という、中学受験専門のプロ個別指導教室で10歳前後のお子さんたちと一緒に「社会」を学んでいます。

　多くの中学受験生は、小学4年から5年の前期にかけて「地理」、5年の後期に「歴史」、そして、6年の前期に「公民（政治・経済）」を学びます。

　公民を学ぶにあたって、多くの子どもたちが無意識のうちにぶつかる「壁」があります。
　それは、ひとつひとつのキーワードの抽象度の高さです。さあ、今日から政治について学ぶよ！となったところで、「政治」を絵や写真で説明したり理解したりするのは至難の業なのです。

　そのため、多くの塾の先生たちと同様、私も、「間接民主制」「基本的人権」「議員内閣制」といった1つひとつのキーワードの意味や、「憲法が最高法規なのはなぜ？」「国会が国権の最高機関なのはなぜ？」「国と地方が対等とされるのはなぜ？」といった理屈、そして「憲法はどうやって改正するの？」「国会議員はどうやって選ばれるの？」といった手続きに関して、「どう話したら子どもたちに納得してもらえるだろうか……」と考え続ける日々を送ってきました。

　身体の成長に伴い、抽象的な思考がようやくできるようになろうとしている段階の子どもたちに、抽象的な概念を伝える授業は、ときに格闘技のような様相を呈します。

　ただ、ひとたび「わかりそう……」という予感や、「わかった！」という実感を得られたお子さんは、勉強にも前向きに取り組めるようになるものです。そういった瞬間をひとつでも多く生み出すことをめざして、日々、お子さんたちと向き合っています。

🏛 おとなにとっても難しい⁉

さて、そんな私の授業を「おもしろい」と感じてくださるのは、必ずしも子どもたちだけではありません。

私が勤めているSS-1は、すべての授業を保護者の方に公開している個別指導教室なのですが、私とお子さんのやりとりをご覧になった保護者の方から、下記のようなご感想をいただくことがあります。

「大人でも難しい内容で、子どもにわかりやすく伝えるのに苦労していたため、とても参考になりました。家庭でも、政治に関するニュースが聞こえてきたら、親子で話をしてみたいと思います」

「政治のしくみについて、学生時代に学んだ記憶はありますが、いざ自分で子どもに説明しようとしてみるとうまくいかず、なんとなくわかったつもりになっていただけだったことを痛感しました。生活に身近な話も多く、とても楽しいひとときでした」

1つひとつのキーワードの抽象度の高さにより、政治について「難しい」「ややこしい」と感じているのは、必ずしも子どもたちだけではないようです。

目の前の中学受験生に向けて鍛えてきた自分の技術は、もしかすると、大人の方も含めて、もう少し多くの方に役に立てていただけるのかもしれない。その可能性を信じて、本書を執筆させていただくことになりました。

🏛 政治は遠く離れた世界の話ではない

本書は1見開き1トピックスの構成になっています。政治の基本のキから憲法、国会、内閣、選挙、裁判所、地方自治、社会保障まで、「テ

レビや新聞でニュースにふれたとき、これさえ知っておけば大丈夫」という内容を網羅しました。

　片方のページに、見出しとリード、図解をまとめています。時間のない方は、このページだけ読んでいただければ要点がつかめるよう、文言にも徹底的にこだわりました。

　本書の表現は、ある程度、大人向けにアレンジしていますが、内容は中学受験のレベルを大きく超えるものではありません。
　最難関レベルの中学校を目指して勉強している中学受験生たちは、本書の内容について9割近く理解するでしょう。

　学生時代に政治について詳しく学ばれた方には、物足りなく感じられるかもしれませんが、各章の最後には、中学受験生たちが日々解いているレベルの問題も掲載しましたので、「今の中学受験生はこんなことまで学んでいるのか」と感心していただければと思います。

　この社会で暮らしを営むすべての方にとって、「政治」は遠く離れた世界の話ではありません。
　政治についてもう少し詳しい人になっておきたい方はもちろん、政治についてお子さんにわかりやすく説明できるようになりたい保護者の方、そして、今まさに政治について勉強されている中学受験生や中高生の皆さんまで、この本が1人でも多くの方のお役に立てますよう心から願っております。

2018年10月

馬屋原吉博

CONTENTS

はじめに……2

PART 1
政治のキホン

政治とは何か
「政治」=「ルールの運用」……20
ルールを作り、世の中にあてはめていくのが「政治」

法律と「三権」
ルール（法律）に関わる3つの機能……22
立法を国会、行政を内閣、司法を裁判所がそれぞれ担当

法律と憲法
憲法は法律より強い「国の最高法規」……24
憲法に反するルールはすべて効力を持たない

憲法とは①
憲法には「国民の人権を守る」使命がある……26
もちろん「国の政治の基本的なルール」を定めたものでもある

憲法とは②
日本国憲法は「前文+103条」からなる……28
1946年、「大日本帝国憲法」を改正する形で誕生

憲法改正①
憲法改正について国会ができるのは発議まで……30
発議とは「憲法を変えませんか？」という国民への提案

憲法改正②
憲法を変えるのはあくまで国民！……32
国民投票で「有効投票の過半数」の賛成を得てようやく改正

中学入試レベルの問題にチャレンジ！①　……34

PART 2
憲法のキホン

<u>国民主権①</u>
「主権」は「国民」にあるとはどういうことか …… 38
国民によって選ばれた代表者が政治を動かしていく

<u>国民主権②</u>
日本では「間接民主制」が徹底されている …… 40
「直接民主制」の方が、より民意を反映できそうだが…

<u>国民主権③</u>
「直接民主制」が顔を出す3つの例外 …… 42
憲法改正の国民投票・最高裁判所裁判官の国民審査・住民投票

<u>国民主権④</u>
天皇が「象徴」であるということの意味 …… 44
天皇は政治の実権を持たず、選挙で投票することすらできない

<u>国民主権⑤</u>
戦前の天皇は「独裁者」だったのか …… 46
統治権は天皇にあっても、政治は原則として内閣が動かしていた

<u>基本的人権の尊重①</u>
誰もが生まれつき持つ「基本的人権」 …… 48
代表的な3つの人権「平等権」「自由権」「社会権」

<u>基本的人権の尊重②</u>
「自由権」は国家によって干渉されない権利 …… 50
「身体の自由」「精神の自由」「経済活動の自由」に分かれる

<u>基本的人権の尊重③</u>
「社会権」は社会で「人間らしく」生きる権利 …… 52
教育を受ける権利、生存権、勤労権など

基本的人権の尊重④
基本的人権を守る「参政権」と「請求権」……54
政治に参加する権利・裁判や損害賠償を受ける権利

基本的人権の尊重⑤
基本的人権と「公共の福祉」の関係……56
「公共の福祉」とは何か。他人の人権？社会全体の利益？

平和主義①
憲法9条と自衛隊の関係……58
「自衛に必要な最小限度の実力」の保持は認められる

平和主義②
「交戦権」は戦争をする権利ではない!?……60
「交戦権」＝交戦状態に入った国に認められる権利

平和主義③
近年、一部容認された「集団的自衛権」……62
友だちが攻撃されたとき一緒に抵抗する権利

平和主義④
「日米安全保障条約」のいきさつ①……64
1951年の日米安保は「米軍の日本駐留を認める」だけのもの

平和主義⑤
「日米安全保障条約」のいきさつ②……66
1960年の新日米安保で米軍は日本を守るために戦うこととなった

平和主義⑥
米軍基地と「日米地位協定」……68
日本にある米軍専用施設の7割以上が沖縄に集中している

> 中学入試レベルの問題にチャレンジ！②……70

PART 3
国会のキホン

国会の定義
「国権の最高機関」にして「唯一の立法機関」……74
主権者である国民に選ばれた人だけが国会議員になれる

二院制
衆議院と参議院の2つがある理由……76
国民の幅広い意見を取り入れ、審議をより慎重に行うため

国会の仕事
国会の仕事は主に8つある……78
法律の制定・改廃、予算の議決、内閣不信任決議など

国会の種類①
「通常国会」と「臨時国会」それぞれの特徴……80
毎年1月に召集される「通常国会」の主な議題は「予算」

国会の種類②
「特別国会」は解散総選挙の直後に開かれる……82
権力の空白を避けるため、真っ先に総理大臣の指名が行われる

委員会とは
本会議は議決の場、細かい審議は委員会で……84
数十名の国会議員で構成される常任委員会と特別委員会

法律の作り方①
国会で法律が作られるまでの流れ……86
衆・参の本会議で「出席議員の過半数」が賛成すれば成立する

法律の作り方②
法案を国会に提出できるのは内閣か国会議員だけ……88
国民が法案を国会に提出することはできない!?

法律の作り方③
国会議員が提出した法案の成立率はとても低い …… 90
国会で成立する法案のほとんどは内閣が提出したもの

予算の議決
「予算」＝政府の1年の収入と支出の見積もり …… 92
3月中の成立を目指して通常国会で優先的に審議される

内閣総理大臣の指名
行政のトップを選ぶのも国会の重要な仕事 …… 94
内閣総理大臣は（国民ではなく）国会によって指名される

内閣不信任決議
衆議院の伝家の宝刀「内閣不信任決議」…… 96
衆議院は過半数の賛成で大臣を全員辞めさせることができる

弾劾裁判所の設置
裁判官を国会議員が裁く「弾劾裁判所」…… 98
裁判官の裁判は（裁判所ではなく）国会の仕事

国政調査権
国の政治に関する情報を広く集める「国政調査権」…… 100
「証人喚問」でウソをついたら偽証罪で懲役刑!?

衆議院の優越①
衆議院は参議院より大きな権力を持つ …… 102
任期が短く解散もある衆議院の方がより民意を反映しやすい!?

衆議院の優越②
「ねじれ国会」＝衆・参で多数派が異なる状態 …… 104
衆議院と参議院が異なる議決をしたら具体的にどうなる？

自由民主党①
1955年から38年間続いた「55年体制」…… 106
「55年体制」＝自民党と社会党による「1と2分の1政党制」

自由民主党②
総裁の下の幹部役員「党五役」…… 108
幹事長・総務会長・政調会長の「党三役」＋選対委員長・副総裁

自由民主党③
時代とともに変わる「派閥」の存在感 …… 110
小泉内閣で弱体化、安倍内閣で復権、岸田内閣で解散!?

中学入試レベルの問題にチャレンジ！③ …… 112

PART 4
内閣のキホン

行政と内閣
内閣が引き受ける「行政」の範囲は広大 …… 116
国家機能から「立法」と「司法」を抜いた全部と言っていい

内閣のメンバー
総理大臣と十数人の国務大臣の集まりが内閣 …… 118
総理大臣は国務大臣を選ぶ権利とクビにする権利を持っている！

閣議
内閣の会議、「閣議」で意思統一 …… 120
定例閣議は毎週火・金、「非公開」「全会一致」で進められる

内閣総理大臣①
総理大臣は毎日何をして、どこにいるのか？ …… 122
閣議や国会、外交、会談、地方視察…分刻みのスケジュール

内閣総理大臣②
国会に選ばれる総理、国民に選ばれる大統領 …… 124
選ばれ方が異なれば与えられる権限も異なる

内閣総理大臣③
総理大臣に与えられた2つの大きな権利 …… 126
「国務大臣を選ぶ／辞めさせる権利」と「衆議院を解散する権利」

内閣総理大臣④
「衆議院の解散」はその後の総選挙とセット …… 128
内閣総理大臣はいついかなるときも衆議院を解散できる!?

内閣総理大臣⑤
内閣総理大臣の任期に関する規定は存在しない …… 130
自民党総裁の任期には制限あり。「1期3年、連続3期まで」

官僚①
行政を実際に担うのは各省庁の官僚たち …… 132
内閣が提出する法案の多くは官僚たちが作成している

官僚②
「天下り」=官僚が企業などへ再就職すること …… 134
苛烈な出世競争の中で生み出された官僚たちの再就職システム

中央省庁
現在の「1府14省庁」の内訳 …… 136
かつての22省庁が2001年の再編を経てスリム化

天皇①
天皇の仕事=「国事行為」 …… 142
「国事行為」に「助言と承認」を与えるのも内閣の重要な仕事

天皇②
天皇の退位が約200年ぶりに実現 …… 144
2017年に特例法成立、限定的に退位を可能に

天皇③
「指名」は実際に選ぶこと、「任命」は形式的行為 …… 146
総理と最高裁長官の「任命」ができるのは天皇のみ!

中学入試レベルの問題にチャレンジ!④ …… 148

PART 5
選挙のキホン

選挙とは
選挙は国民の代表を決めるビッグイベント …… 152
衆議院は「総選挙」、参議院は「通常選挙」

選挙の種類
選挙制度は主に「選挙区」「比例代表」の2つ …… 154
選挙区選挙は「人」、比例代表選挙は「政党ごとの議席数」を決める

衆議院の選挙①
衆議院議員の約6割を「小選挙区制」で選ぶ …… 156
全国を289の選挙区に分け、1区から1人ずつ、合計289人を選ぶ

衆議院の選挙②
衆議院議員の約4割を「比例代表制」で選ぶ …… 158
全国を11のブロックに分け、投票用紙には政党名を書いて投票する

参議院の選挙①
参議院議員の約6割を「選挙区制」で選ぶ …… 160
選挙区は都道府県、ただし鳥取・島根、高知・徳島は「合区」

参議院の選挙②
参議院議員の約4割を「比例代表制」で選ぶ …… 162
選挙区はなし、投票用紙には政党名か候補者名を書いて投票

日本の選挙の問題点①
違憲状態判決が出る「一票の格差」問題 …… 164
議員1人あたりの有権者数に最大3倍近い差が発生!

日本の選挙の問題点②
とくに若い世代で深刻な「低い投票率」 …… 166
投票率の高い高齢者が優遇される「シルバー民主主義」

政治とカネ
政治家になる第一条件は資金力！？ …… 168
地方の選挙でも数百万円、国政選挙では数千万円かかることも！

マニフェスト
「マニフェスト」＝数値に裏づけられた政権公約 …… 170
2000年頃から公約に代わって広まった言葉だが、近年再び…

中学入試レベルの問題にチャレンジ！⑤ …… 172

PART 6
裁判所のキホン

裁判の種類
裁判は「刑事裁判」と「民事裁判」に分けられる …… 176
有罪無罪・量刑を決める刑事、権利の争いを解決する民事

裁判所の種類
「憲法の番人」こと最高裁と4つの下級裁判所 …… 178
下級裁判所＝高等裁判所・地方裁判所・家庭裁判所・簡易裁判所

三審制
3回まで裁判を受けられる「三審制」 …… 180
第一審→第二審が「控訴」、第二審→第三審が「上告」

えん罪の防止
裁判の大原則「疑わしきは被告人の利益に」 …… 182
無実の人が有罪判決を受ける「えん罪」を防ぐための原則

司法権の独立
裁判官は憲法と法律にのみ拘束される …… 184
裁判官が他者の圧力を受けやすい状態であってはならない

裁判官の身分保障
裁判官が例外的に辞めさせられるケース …… 186
「弾劾裁判」での罷免は過去に7例、「国民審査」での罷免はゼロ

違憲(立法)審査権
裁判所に与えられた重要な権限「違憲審査権」…… 188
国会や内閣が作った法令が憲法に違反していないかを審査

裁判員裁判①
国民の視点や感覚を裁判に反映させる制度 …… 190
抽選で選ばれた6名が「重大な刑事事件の第一審」に参加

裁判員裁判②
裁判員に選ばれても5人中4人が辞退か欠席 …… 192
拘束時間が長く、心理的負担も大きい

死刑制度
死刑廃止論と死刑存続論の終わりのない対立 …… 194
2014年の内閣府の世論調査では「廃止すべき」が9.7%

中学入試レベルの問題にチャレンジ!⑥ …… 196

PART 7
地方自治のキホン

地方公共団体とは
国の政治と地方の政治はしくみが少し異なる …… 200
「地方公共団体」とは、主に都道府県と市町村、東京23区のこと

地方自治の本旨①
地方の政治には住民がより深く関われる …… 202
「住民自治」=生活に身近な地方の政治は自分たちで決めていこう

地方自治の本旨②
国と地方公共団体はあくまで対等！ …… 204
「団体自治」＝地方の政治は国から独立した団体に委ねられるべき

国政との違い①
国は「議院内閣制」、地方は「二元代表制」…… 206
地方では行政のトップ（知事や市町村長）も選挙で選ぶ

国政との違い②
議会の解散と首長の不信任に課せられた制限 …… 208
首長と議会の対立が政治を止めないようにするためのしくみ

条例
「条例」＝都道府県や市町村のルール …… 210
「乾杯条例」や「豪邸条例」といった地方色豊かな条例も！

直接請求①
地方の住民には「直接請求権」がある …… 212
一定数の署名を集めることで条例の制定や監査の請求ができる

直接請求②
議会の解散や首長・議員の解職も請求できる！ …… 214
住民投票で過半数が賛成すればリコール成立

住民投票
住民の意思を問う「住民投票」は5種類ある …… 216
なかには18歳未満の人や外国人が投票できるものもある

中学入試レベルの問題にチャレンジ！⑦ …… 218

PART 8
社会保障のキホン

社会保障とは
国民の生活を支える「社会保障制度」 …… 222
少子高齢化の進行に伴い、重要度もコストも増すばかり

社会保障の種類
社会保障制度は4つの柱で構成されている …… 224
「社会保険」「公的扶助」「社会福祉」「公衆衛生」

社会保険
「社会保険」は年金・医療・介護・雇用・労災の5つ …… 226
納める人は減っていき、受け取る人は増えていく!?

公的扶助
「生活保護」とも呼ばれる「公的扶助」 …… 228
貧しい人の生活を支える最後のセーフティネット

社会福祉・公衆衛生
皆の暮らしを支える「社会福祉」と「公衆衛生」 …… 230
福祉施設の運営・監督や病気の予防の促進など

生存権
国が保障するべき生活水準に関する議論 …… 232
2018年10月から段階的な生活保護費の減額が始まる

中学入試レベルの問題にチャレンジ！⑧ …… 234

おわりに …… 237

ブックデザイン：小林祐司

PART 1

政治のキホン

政治とは何か、
子どもに説明しなければならないとしたら
皆様ならどうされますか。
世間を賑わす「憲法改正」についても
少し詳しくなっておきましょう。

政治とは何か

「政治」
＝「ルールの運用」

> ルールを作り、世の中に
> あてはめていくのが「政治」

「政治」って何だ!?

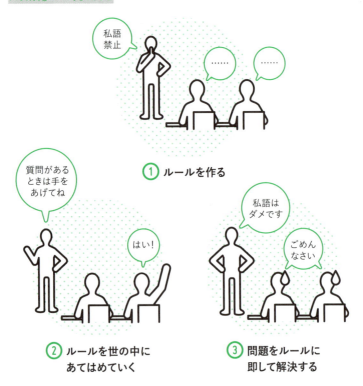

① ルールを作る

② ルールを世の中に
あてはめていく

③ 問題をルールに
即して解決する

🏛 集団生活にはルールが必要

「政治」とは何か、という問いに答えるのは簡単なことではありません。ためしに辞書を引いてみると、以下のように書かれています。

①統治者・為政者が民に施す施策。まつりごと。
②国家およびその権力作用にかかわる人間の諸活動。広義には、諸権力・諸集団の間に生じる利害の対立などを調整することにもいう。（三省堂 大辞林 第三版）

私は職業柄、小学生に向けて話をすることが多いのですが、残念ながら、辞書の文言をこのまま見せても、わかりやすく説明したことになりません。そこで、下記のような表現を使っています。

政治とは……
①ルールを作ること
②ルールを世の中にあてはめていくこと
③問題をルールに則って解決すること

多くの学校や塾には「授業中は私語禁止」というルールがあります。このルールを生徒たちに守らせるには、細かい調整が必要です。
先生が冗談を言ったときに笑うのは許容されるでしょうし、「体調が悪い場合やトイレに行きたい場合は手をあげること」といった細かいルールが別に設定されることもあるでしょう。
また、ルールを無視してペチャクチャ話している生徒がいれば、先生は注意しなければなりません。

子どもたちには、こうした例を使って、ルールの制定や運用に関する作業を「政治」と呼ぶのだと、まずはイメージしてもらっています。

法律と「三権」

ルール（法律）に関わる3つの機能

> 立法を国会、行政を内閣、司法を裁判所がそれぞれ担当

法律に関わる3つの機能

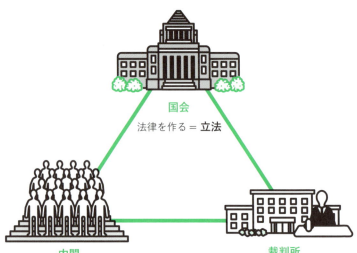

国会
法律を作る＝**立法**

内閣
法律を世の中に
あてはめていく ＝ **行政**

裁判所
様々なトラブルを
法律に則って解決する ＝ **司法**

近年成立した法案	2018年：働き方改革関連法案、統合型リゾート実施法案 etc. 2017年：住宅宿泊事業法案（民泊新法）、皇室典範特例法案 etc. 2016年：民法の一部改正（再婚禁止期間の短縮） etc.

🏛 法律は2000近くあり、毎年増えている

学校には校則が、会社には社則がありますが、国の政治における代表的なルールは「法律」です。日本にはすでに2000近い数の法律があり、毎年新しい法律がどんどん生まれています。

政治家や官僚が「世の中のしくみを変えたい」とか「新たに何かを始めたい」と思ったら、まずは現行の法律を確認するところから始めます。そして、必要に応じて、新しい法律の制定や既存の法律の改正を検討することになります。

特定の分野に関して法律を作り、それを運用していく。その分野で発生した問題を法律に則って解決していく。それが「政治」です。

これは、多くの方がかつて学校で学んだであろう、**「三権分立」**の考え方そのものです。三権とは、立法（法律を作る）、行政（法律を世の中にあてはめていく）、司法（問題を法律に則って解決する）という3つの作用のことです。詳しくは後に解説しますが、日本では、立法を国会、行政を内閣、司法を裁判所が、それぞれ担当します。

🏛 立法・行政・司法

前項の「政治」のイメージを思い出してみましょう。①〜③までの「ルール」を「法律」に変えると、下記のようになります。

①**法律を作る ＝立法（国会）**
②**法律を世の中にあてはめていく ＝行政（内閣）**
③**問題を法律に則って解決する ＝司法（裁判所）**

そのため、立法（国会）、行政（内閣）、司法（裁判所）の3つについて学ぶことが、すなわち「日本国の政治」について学ぶことだと言えます。

法律と憲法

憲法は法律より強い「国の最高法規」

> 憲法に反するルールはすべて効力を持たない

憲法は他のルールよりも「強い」！

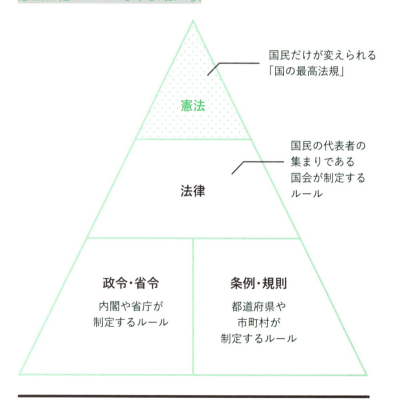

🏛 ルールには「強さ」がある

政治とは、ルールに関する様々な作用だと確認したところで、今度は**ルールの「強さ」**について考えてみましょう。

今のところ、人間が作ったルールで、世界中の人間が守らなければならない絶対的なルールは存在しません。国際法というものも存在しますが、国際法の拘束力は限定的なものです。

というわけで、いったん「世界」はあきらめて、「国」のレベルに目を向けます。前項に出てきた「法律」は、原則として、日本において誰もが守らなければならないルールだとされています。

しかし、その上に、もっと「強い」ルールが存在します。それが「日本国憲法」です。

🏛 「日本国憲法」＝「国の最高法規」

「強い」とは、法律やその他のあらゆるルールが日本国憲法に違反していた場合、そのルールは「効力を持たない」という意味です。このことを、「日本国憲法は国の最高法規である」と表現します。

日本国憲法 第98条
この憲法は、国の最高法規であつて、その条規に反する法律、命令、詔勅及び国務に関するその他の行為の全部又は一部は、その効力を有しない。

では、なぜ、憲法にはこのような強い力が与えられているのでしょうか。「憲法」と、法律などのその他のルールには、どのような違いがあるのでしょうか。

憲法とは①

憲法には「国民の人権を守る」使命がある

> もちろん「国の政治の基本的なルール」を定めたものでもある

国家権力は国民の人権を侵害しやすい

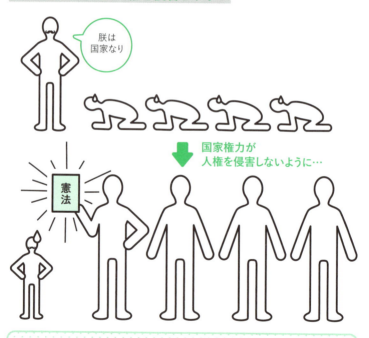

強いルール(憲法)を作って権力を制限

🏛 憲法とは何か？

「憲法とは何か？」という問いに対する答えは、調べてみるとかなり複雑ですが、ここでは、基本的な2つの意味についておさえておきましょう。

まず、憲法は「国の政治に関する基本的なルール」を定めたものです。立法・行政・司法を、それぞれ国会と内閣と裁判所に割り振っているのも憲法です。

ただ憲法には、もうひとつ、非常に重要な使命があります。それは「国家権力を制限し、国民の人権を守る」というものです。
この使命を帯びた憲法を、「立憲的意味での憲法」あるいは「近代的意味での憲法」と呼びます。

🏛 アメリカ独立宣言などの流れをくむ

近代的意味での憲法の歴史は、一般的に、1215年にイギリスで誕生した「マグナ・カルタ」から始まると言われています。これは、当時の貴族たちが国王に対して勝手な課税などを禁じた文章です。

このような、「国民の人権を侵害しようと思えばできてしまう国家権力を、強いルールによって制限しよう」という考えは、その後、アメリカ独立宣言やフランス人権宣言などに受け継がれていきます。

この流れを受けて誕生した日本国憲法も、「国家権力を制限し、国民の人権を守るためのもの」という側面を強く持った憲法です。

「国民の人権を守る」という使命を帯びているからこそ、**日本国憲法は「国の最高法規」**と位置づけられているのです。

憲法とは②

日本国憲法は「前文＋103条」からなる

> 1946年、「大日本帝国憲法」を改正する形で誕生

日本国憲法の構成（前文以外）

1章
天皇（第1条～第8条）

2章
戦争の放棄（第9条）

3章
国民の権利及び義務
（第10条～第40条）

4章
国会（第41条～第64条）

5章
内閣（第65条～第75条）

6章
司法（第76条～第82条）

7章
財政（第83条～第91条）

8章
地方自治（第92条～第95条）

9章
改正（第96条）

10章
最高法規（第97条～第99条）

11章
補則（第100条～第103条）

日本国憲法　1946.11.3 公布 → 現在の「文化の日」　　1947.5.3 施行 → 現在の「憲法記念日」

🏛 GHQの意向を強く受けた憲法

日本国憲法は1946年11月3日に公布され、半年後の1947年5月3日に施行された、前文＋103条からなる憲法です。「公布」とは、広く一般国民に知らせること。「施行」とは、その法令が現実に効力を持つ状態にすることを指します。

当時の日本は、マッカーサーが最高司令官を務めるGHQの占領下にあったため、GHQの意向を強く受けた憲法となっています。ただ、形式としては、日本の国会が「大日本帝国憲法」を改正する、という手続きを経て成立しました。

「国民主権」「基本的人権の尊重」「平和主義」という「三大原則」については、覚えていらっしゃる方も多いかもしれません。

🏛 憲法を守るべきは国家

前文に続く103条の条文は、「天皇」「戦争の放棄」「国民の権利及び義務」「国会」「内閣」「司法」「財政」「地方自治」「改正」「最高法規」「補則」の11の章に分けられています。

国民の義務として、「保護する子女に普通教育を受けさせる義務」「勤労の義務」「納税の義務」の3つが規定されています。

ただ、「憲法尊重擁護の義務」について定めた第99条には、「天皇又は摂政及び国務大臣、国会議員、裁判官その他の公務員は、この憲法を尊重し擁護する義務を負う」と記されています。ここに「国民」は入っていません。

そのことから、主に日本国憲法を守るべきなのは「国家権力を持つもの」であること、つまり、日本国憲法は、前のページで扱った「近代的意味での憲法」としての側面を強く持っているということがわかります。

憲法改正①

憲法改正について国会ができるのは発議まで

> 発議とは「憲法を変えませんか?」という国民への提案

憲法改正の発議には…

衆議院

総議員の
3分の2以上の賛成

参議院

総議員の
3分の2以上の賛成

この2つが揃って、やっと「発議」(=国民への提案)

🏛 簡単には改正できない規定

憲法は非常に強い力を持ったルールですから、簡単な手続きで内容がコロコロ変わるようではいけません。**憲法は変えようと思っても、なかなか変えられないように作られています。**

昨今、憲法改正に関する議論がだいぶ進んできましたので、ここで「憲法の変え方」について、少し詳しくなっておきましょう。

改正について規定しているのは、日本国憲法第96条です。その96条の1文目には、「この憲法の改正は、各議院の総議員の三分の二以上の賛成で、国会が、これを発議し、国民に提案してその承認を経なければならない。」と書かれています。

「憲法を変えたい」と考える人がいた場合、その人はまず国会に「憲法改正原案」を提出しなければなりません。これを実現させるには、基本的に**衆議院では100名、参議院では50名の賛成を得る必要が**あります。

そうして提出された「原案」は、衆議院・参議院それぞれに常設されている「憲法審査会」で審議されます。

🏛 まだ一度も発議されたことはない

憲法審査会は、衆議院は50人、参議院は45人の国会議員で構成されていますが、ここでそれぞれ過半数の賛成を得られると、その「改正案」は衆議院・参議院の本会議に提出されます。

憲法にあるとおり、**本会議での議決には「各議院の総議員の三分の二以上の賛成」**が必要です。このハードルは非常に厳しく、日本国憲法が1947年に施行されて以来、発議がなされたことはありません。

憲法改正②

憲法を変えるのは
あくまで国民！

> 国民投票で「有効投票の過半数」の
> 賛成を得てようやく改正

憲法改正の流れ

| 国会 | 衆参各議院の総議員、3分の2以上の賛成で発議 |

| 国民投票 | 有効投票（実際に投票された票から、無効票を除いた票の数）の過半数の賛成で改正 |

ここで決まる！

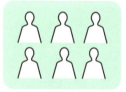

賛成　　　反対　 改正！

| 天皇 | 国民の名において公布 |

🏛 国民が決める

国会が憲法改正の発議をしたからといって、憲法が改正されるわけではありません。発議は、あくまで「憲法を改正しませんか？」という国民への提案にすぎません。

最高法規である憲法を改正できるのは国民だけです。

日本国憲法第96条は、「この承認には、特別の国民投票又は国会の定める選挙の際行はれる投票において、その過半数の賛成を必要とする。」と規定しています。

「何の過半数なのか」は規定されていません。

2007年、第1次安倍内閣のときに、国民投票の具体的な方法を規定する「国民投票法」が制定され、この部分は「有効投票の過半数」と決められました。有効投票とは、投票された票の数から白紙票などの無効票の数を引いたものです。

つまり、「18歳以上の選挙権を持つ人すべての過半数」ではなく、正しく投票した人の過半数が賛成すればいい、ということになります。

🏛 国民投票は憲法改正のときだけ

国会が憲法改正の発議をすると、60日以上180日以内の間に国民投票が行われ、そこで「有効投票の過半数」の国民が賛成すれば、改正が決まります。

最後の手続きとして、天皇が国民の名において公布します。

2016年にイギリスが国民投票でEU離脱を決めたように、世界には、国の行く末を左右する大切なことを国民投票で決めていく国もあります。ただ、日本では、あくまで国民投票は憲法改正の発議がなされた際にのみ行われることとなっています。

中学入試レベルの問題にチャレンジ！①

下記の文章を読んで、続く問いに答えなさい。

> 日本国憲法は、1946年①11月3日に公布され、半年後の1947年5月3日に施行されました。
>
> 国会が、明治時代に制定された「②大日本帝国憲法」を改正するという形式で制定されたため、大日本帝国憲法が、君主（天皇）が臣民に与える「欽定憲法」であったのに対し、日本国憲法は国民によって制定された「〔③〕憲法」である、と説明されます。
>
> 日本国憲法の特徴のひとつとして、④改正するための条件が非常に厳しいという点が挙げられます。法律と同様の手続きで改正できる憲法を「軟性憲法」と呼ぶのに対し、日本国憲法のような、法律の改正とは異なる条件を満たさなければ改正できない憲法を「〔⑤〕憲法」と呼びます。

問1．下線部①に関して、日本国憲法が公布された11月3日は、現在国民の祝日となっています。何の日か、次の選択肢の中から正しいものを1つ選び、記号で答えなさい。

　　ア：憲法記念日　　イ：昭和の日　　ウ：建国記念の日　　エ：文化の日

　　　　　　　　　　　　　　　　　　　　　　　　　　　　　　　答え：_____

問2．下線部②に関して、下記の大日本帝国憲法の条文の（　）には、すべて同じ言葉が入ります。どんな言葉が入るか考えて答えなさい。

　　第1条　大日本帝国ハ万世一系ノ（　　）之ヲ統治ス
　　第3条　（　　）ハ神聖ニシテ侵スヘカラス
　　第4条　（　　）ハ国ノ元首ニシテ統治権ヲ総攬シ……
　　第11条　（　　）ハ陸海軍ヲ統帥ス

　　　　　　　　　　　　　　　　　　　　　　　　　　　　　　　答え：_____

問3. 本文中の〔③〕〔⑤〕に当てはまる言葉を、それぞれ、漢字2字で答えなさい。

〔③〕_____ 〔⑤〕_____

問4. 下線部④に関して、下記の条文の（ ）に当てはまる言葉、文字を、続く選択肢の中から選び、それぞれ記号で答えなさい。

日本国憲法　第96条
この憲法の改正は、各議（①）の総議（②）の三分の二以上の賛成で、国会が、これを発議し、国民に提案してその承認を経なければならない。この承認には、特別の（③）又は国会の定める選挙の際行はれる投票において、その過半数の賛成を必要とする。憲法改正について前項の承認を経たときは、天皇は、（④）の名で、この憲法と一体を成すものとして、直ちにこれを（⑤）する。

ア：員　　イ：院　　ウ：国民投票　　エ：国民審査
オ：国民　　カ：天皇　　キ：交付　　ク：公布

① _____　② _____　③ _____　④ _____　⑤ _____

問5. 「憲法尊重擁護の義務」について定めた、下記の条文の（ ）に当てはまるものとして**ふさわしくないもの**を、続く選択肢の中から選び、記号で答えなさい。

日本国憲法　第99条
（ ）又は摂政及び（ ）、（ ）、（ ）その他の（ ）は、この憲法を尊重し擁護する義務を負ふ。

ア：国民　　イ：天皇　　ウ：国務大臣
エ：国会議員　　オ：裁判官　　カ：公務員

答え：_____

解答・解説

問1．エ
　中学受験の社会では国民の祝日について問われることがあります。日本国憲法が公布された11月3日は「文化の日」と定められています。日本国憲法が施行された5月3日が「憲法記念日」、大日本帝国憲法が発布された2月11日が「建国記念の日」です。

問2．天皇
　大日本帝国憲法では、天皇は神格を有し、立法・行政・司法、そして軍を含めたすべての国家機能を掌握する権限を持つ存在とされていました。

問3．〔③〕民定　〔⑤〕硬性
　本文にもあるように、国民によって制定された憲法を「民定憲法」、法律の改正とは異なる条件を満たさなければ改正できない憲法を「硬性憲法」と呼びます。

問4．①イ　②ア　③ウ　④オ　⑤ク
　特に最初の①と②の漢字は間違いやすいところです。「各議院」とは、衆議院と参議院のことなので「院」の字を使うのに対し、「総議員」は、国会を構成する国会議員全員という意味なので「員」の字を使います。

問5．ア
　日本国憲法第99条は「天皇又は摂政及び国務大臣、国会議員、裁判官その他の公務員は、この憲法を尊重し擁護する義務を負ふ。」と規定しています。憲法には国家権力を制限して個人の人権を保障するという使命があるため、憲法擁護義務の対象に「国民」は加えられていません。

PART 2

憲法のキホン

「国民主権」
「基本的人権の尊重」
「平和主義」
憲法を貫く三大原則について、
あらためて振り返ってみましょう。

国民主権①

「主権」は「国民」にあるとはどういうことか

> 国民によって選ばれた代表者が政治を動かしていく

間接民主制と直接民主制

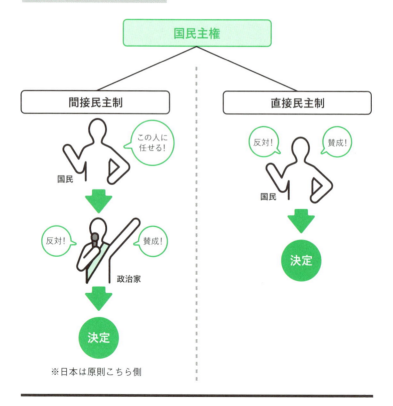

🏛 「国民主権」

日本国憲法の三大原則、1つ目は「国民主権」です。

ここでいう「主権」とは、「国の政治を最終的に決定する力」のことです。そして、日本国憲法は、この「主権」を持つのは「国民」だと規定しています。しかし、本当にそうでしょうか。

PART1で述べたとおり、政治は、原則として「法律」を作ったり変えたりすることによって進められます。たとえば、2012年に国会が「消費税法」などの法律を改正した結果として、2014年4月、消費税が5％から8％に、2019年10月には8％から10％に上がったわけです。

当時、私はすでに選挙権を持った日本国民、つまり「主権者」でした。しかし、私はそのとき、消費税を上げることに「賛成」や「反対」の意思を表明した覚えはありません。それなのに、なぜ私は主権者であると言えるのでしょうか。

🏛 日本の政治は「間接民主制」で進む

日本国憲法の前文の冒頭には、**「日本国民は正当に選挙された国会における代表者を通じて行動し」**と書かれています。

つまり、先ほどの消費税の例で考えると、私自身は「直接」賛成した覚えも反対した覚えもないわけですが、消費税を上げることを決めた「国会議員」を選んだのは私たち日本国民ですから、政治を「最終的に」決める力を持っているのは国民である、という理屈が成り立つのです。

国民が「直接」多数決を採って物事を決めるのではなく、国民が選んだ代表者たちが議論の上で多数決を採って、物事を決めていく。

このシステムを**「間接民主制」**と呼んでいます。

国民主権②

日本では「間接民主制」が徹底されている

> 「直接民主制」の方が、
> より民意を反映できそうだが…

直接民主制のデメリット

なかなか建設的な議論にならない

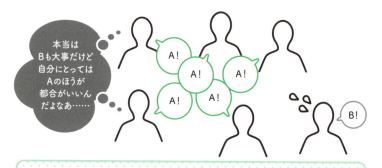

少数派の意見が無視されやすい

🏛 「間接民主制」と「直接民主制」

「間接民主制」の反対語は「直接民主制」です。「直接民主制」とは、関係者全員で話し合い、多数決を採って物事を決めていくシステムです。

2016年6月、イギリスで「EUから離脱するかどうか」に賛成・反対の意思を表明する「国民投票」が実施され、イギリスのEU離脱が決まりました。これはかなり直接民主制的なものの決め方です。

民意が直接反映されるため、政治は原則として直接民主制で進められるべきだ、と考える人もいます。

🏛 直接民主制のデメリット

ただ、直接民主制にはデメリットもあります。

人数の多い集団で建設的な議論をすることは難しいのではないか、という点や、間接民主制以上に「少数派の意見」が無視されやすいのではないか、という点です。

大多数の人が「自分の利害」に照らして判断すると、「多くの人にとってうれしくないことかもしれないけれど、社会全体のためには進めなければならないこと」は実現しにくいと言われています。

「直接民主制」と「間接民主制」のどちらが良いのか、という問いは、客観的な正解が存在する問いではありません。集団を構成する人々の人数や性格などによっても答えは変わってくるでしょう。

ただ、あくまで日本国憲法は、日本国の政治は原則として、「正当に選挙された国会における代表者」が進めていくと規定し、「間接民主制」を徹底しています。

国民主権③

「直接民主制」が顔を出す3つの例外

> 憲法改正の国民投票・最高裁判所裁判官の国民審査・住民投票

直接民主制のケース

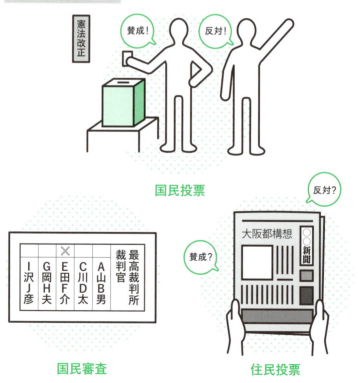

国民投票

国民審査

住民投票

🏛 「国民投票」と「国民審査」

「間接民主制」が徹底されている日本の政治でも、例外的に「直接民主制」が顔を出すシーンが3つあります。要は、**「選挙以外で何かを投票するとき」**です。

1つ目は「国民投票」です。

先ほど例に挙げたイギリスのように、国家にとって大切なことを「国民投票」に委ねる国もありますが、日本では、国会が「憲法改正の発議」をしたときのみ「国民投票」が行われることになっています。

日本国憲法が施行されて以来、憲法改正の発議すらなされていませんので、「国民投票」も実施されたことはありません。

2つ目は、最高裁判所裁判官の「国民審査」です。
衆議院選挙の際に同時に行われます。詳しくはP187で解説します。

🏛 地方の政治は直接民主制的要素が強い

3つ目は、地方自治における「住民投票」や「直接請求」です。
住民の生活に密着した都道府県や市町村の政治は、国の政治に比べると、直接民主制的な側面が強く出るように設計されています。

住民は決められた数の署名を集めることにより、議会や行政機関に特定の請求をすることができますし、大事な議題について「住民投票」で意思を表明することもできます。詳しくはPART7をご覧ください。

以上の3つが、日本の政治で「直接民主制」が導入されている「例外」です。

国民主権④

天皇が「象徴」であるということの意味

> 天皇は政治の実権を持たず、選挙で投票することすらできない

<u>「象徴」とは？</u>

言葉では表現できない
はずのものを…

愛
平和　日本

目に見える「何か」で
表現したもの

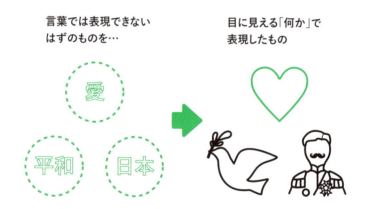

天皇は基本的人権が制限されている

・参政権（投票も立候補もできない）
・婚姻の自由（一生独身でいるのは難しい!?）
・表現の自由（公の場での政治的発言は許されない）
・日本国籍から離脱する自由 など

🏛 憲法第１条にも規定あり

日本国憲法は、天皇について規定した第１条でも、主権が国民にあることを明言しています。

日本国憲法　第１条
天皇は、日本国の象徴であり日本国民統合の象徴であつて、この地位は、主権の存する日本国民の総意に基く。

「象徴」とは、抽象的な考えや物事を、具体的に表現した記号のことです。たとえば「♡」という記号を見ると、多くの人は「愛」や「恋」を連想します。これが象徴です。

しかし、あくまで記号ですから、♡マーク自体をどんなに分析しても、その中に「愛」そのものを見つけることはできません。

🏛 同時に国民主権を明言

「天皇は日本国の象徴である」といったとき、それは同時に、天皇は政治に対していかなる実質的な力も持たない、と規定しているのと同様です。

そのため、天皇や皇族には、国民に認められている「選挙権」や「被選挙権」すら認められていません。天皇や皇族の重要な仕事である「国事行為」は、すべて「内閣の助言と承認に基く」、すなわち、その内容は内閣が決めると規定されています。

その上で、日本国憲法は、天皇は象徴であると規定した、その同じ第１条の中で、主権を持つのは「日本国民」であると明言しているわけです。

国民主権⑤

戦前の天皇は「独裁者」だったのか

▷ 統治権は天皇にあっても、
政治は原則として内閣が動かしていた

天皇に権力が集中していると…

天皇陛下はこうおっしゃっているぞ！

天皇

主権者

天皇が誰かに利用される可能性もある

🏛 内閣や議会の決定に反対することもなかった!?

ちなみに大日本帝国憲法は、天皇について下記のように規定していました。

大日本帝国憲法　第4条
天皇ハ国ノ元首ニシテ統治権ヲ総攬シ……

天皇は「統治権ヲ総攬（スル）」、すなわち、国の政治全般について掌握し統括すると規定されています。

とはいえ、天皇が「独裁者」のように、なんでもかんでも決めていたかというと、実際はそういうわけでもなかったようです。

戦前の日本において、実際の政治は主に内閣によって進められていましたし、現在の国会に比べると権限は小さいですが、議会もありました。そして、**天皇が内閣や議会の決定に反対することは、ほぼありませんでした。**

🏛 天皇に権力が集中していることの弊害

しかし、いくら天皇が議会を尊重したとしても、憲法が「主権は天皇にある」と定めている以上、天皇がその気になれば独裁を行うことも不可能ではありません。

あるいは、天皇の側にいる人が、「主権者である陛下がこうおっしゃるのだから皆従うべきだ！」と、自分の意見を天皇の意見であるかのように主張して強引に政治を進めていくことも可能でした。

そういったことへの反省も踏まえて、日本国憲法は天皇に「象徴」という地位を与え、主権は国民にあると明言しました。

基本的人権の尊重①

誰もが生まれつき持つ「基本的人権」

> 代表的な３つの人権
> 「平等権」「自由権」「社会権」

基本的人権とは

平等権

差別されない権利

自由権

① 身体の自由
② 精神の自由
  （表現・思想・学問・信教…）
③ 経済活動の自由
  （居住・移転、職業選択…）

社会権

① 生存権
② 勤労権
③ 教育を受ける権利 etc.

細かく分けると6種類（上記以外に参政権、請求権、新しい人権）

🏛 「基本的人権の尊重」

日本国憲法の三大原則、2つ目は「基本的人権の尊重」です。

人間が、ただ人間として生まれたということだけで持っているとされる権利を「基本的人権」と呼びます。

「本当にそんなもん存在するのか？」「証拠を見せろ」と言われると少し困ってしまうのですが、人類の長い歴史の中で、皆が幸せに暮らすためには、こういった権利をすべての人が持っていると規定しておいた方が良さそうだね、ということで広く認められてきたものです。

基本的人権のうち、とくに早いうちから認められてきたのが、差別されない権利**「平等権」**と、国によっていろいろなことを制限されない権利**「自由権」**です。

🏛 人間らしく生きるために

これまでの日本でも、女性だからというだけで選挙権が認められなかったり、戦争に反対したというだけで逮捕されたりすることがありました。

このように、もともと強い力を持つ国に対して、「私たち1人ひとりを差別したり、何かを不当に強制したりしないでください！」と主張する権利が、「平等権」と「自由権」です。

どちらかといえば、国家に対して「関わるな！」と宣言する権利ですね。

これに対し、20世紀になると、私たちが人間らしく生きていくために、必要に応じて国に「助けてもらう」権利が広く認められるようになっていきます。この権利を**「社会権」**と呼びます。

基本的人権の尊重②

「自由権」は国家によって干渉されない権利

  「身体の自由」「精神の自由」「経済活動の自由」に分かれる

自由権とは

身体の自由

・奴隷的拘束や苦役からの自由
・法定手続きの保障　etc.

逮捕令状は？

精神の自由

・思想・良心の自由
・信教の自由
・集会・結社、表現の自由
・学問の自由　etc.

経済活動の自由

・居住・移転の自由
・職業選択の自由
・財産権　etc.

🏛 「身体の自由」と「精神の自由」

自由権は、「身体の自由」「精神の自由」「経済活動の自由」の3つに分けられます。

「身体の自由」は、正しい法定手続きがなされていない状態で拘束されたり、奴隷として扱われたりされない権利です。警察官が誰かを逮捕する場合、裁判官の発行する令状が必要になるのは、この権利が認められているからです。

「精神の自由」は、どのような考えを持っていても、それだけで罰せられることはない、という権利です。「思想・良心の自由」「表現の自由」「信教の自由」「学問の自由」などが含まれます。

頭の中で何かを考えている限り、そのこと自体が他人に強い影響を及ぼすことは少ないかもしれませんが、その考えを外部に発信していくとなると少し事情が変わります。
「表現の自由」は、他人のプライベートを本に書いて出版したり、差別的なヘイトスピーチを規制したりするようなケースにおいて、どこまで認められるかが問題になることがあります。

🏛 「経済活動の自由」

また、資本主義の世の中で個人が自由であるためには、ある程度、経済的に自立している必要があります。そのために認められているのが、自由に経済活動を行う権利である**「経済活動の自由」**です。

経済活動の自由には、「居住・移転の自由」や「職業選択の自由」、そして、自分の財産を持ち、さらに、その財産を不当におかされない権利である「財産権」などが含まれます。

基本的人権の尊重③

「社会権」は社会で「人間らしく」生きる権利

 教育を受ける権利、生存権、勤労権など

主な社会権

教育を受ける権利
（教育は義務ではなく権利）

生存権
（健康的で文化的な最低限度の生活を営む権利）

勤労権
（働く権利）

労働三権
（団結権、団体交渉権、団体行動権）

🏛 「遅れてきた人権」

農業に携わっている人が多い社会では、生活は楽ではなくとも、食べるものは、ある程度自分たちで調達することができます。

しかし、産業革命が進み、工場で働く人などが増え、より世の中全体で「分業」が進んでいくと、自分たちで自分たちを食べさせるのが難しくなるケースが増えていきます。

資本主義の発展に伴い、富む人と貧しい人との格差も広がっていきました。

その流れの中で、社会で人間が人間らしく生きていくために必要なものを、ある程度、国家に保障させる権利の必要性が主張されるようになりました。この権利を「社会権」と呼びます。

要するに、自分の力で生活できなくなったときに、国に「助けて！」と叫ぶ権利です。

20世紀になって、ドイツで制定されたヴァイマル（ワイマール）憲法に初めて明記されたため、「遅れてきた人権」と呼ばれることもあります。

🏛 現代日本でも非常に重要

代表的なものに、「健康で文化的な最低限度の生活を営む権利」である**「生存権」**や、**「教育を受ける権利」「勤労権」「労働三権」**などが挙げられます。

現代の日本社会のような、少子高齢化や悪質な労働環境、子供の貧困といった課題を抱える社会においては、とくに大切になってくる権利だといえるでしょう。

基本的人権の尊重④

基本的人権を守る「参政権」と「請求権」

> 政治に参加する権利・
> 裁判や損害賠償を受ける権利

参政権

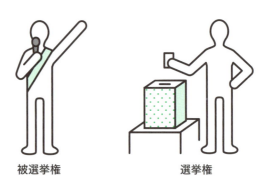

被選挙権　　　選挙権

請求権

PART2 憲法のキホン

🏛 選挙に出る。損害賠償を請求する

ここまで解説してきた3つの権利に代表される基本的人権を守るための権利、それが「参政権」と「請求権」です。

「参政権」 はその名のとおり、「政治に参加する権利」です。選挙で投票する「選挙権」や、選挙で選ばれて皆の代表となる「被選挙権」、国民投票や住民投票で投票する権利などが含まれます。

「請求権」 は、人権が侵害された可能性があるとき、裁判を受けたり損害賠償を請求したりする権利です。

さらに、ここまで出てきた権利に加えて、日本国憲法には記載されていないけれども、裁判の中で認められてきた権利が存在します。これを「新しい人権」と呼んでいます。

「日照権」に代表される「環境権」や、「知る権利」「プライバシー権」などがこれに含まれます。

\ 豆知識 /

 大日本帝国憲法でも基本的人権は認められていた！

現在の「日本国憲法」に比べると、あまり民主的には見えない「大日本帝国憲法」ですが、こちらにも「基本的人権」に関する規定は盛り込まれていました。ただ、その扱いはだいぶ異なります。
たとえば、大日本帝国憲法の第29条は、「日本臣民ハ法律ノ範囲内ニ於テ言論著作印行集会及結社ノ自由ヲ有ス」と規定しています。ポイントは「法律ノ範囲内ニ於テ」という部分です。つまり、基本的人権は法律が許す範囲内でのみ認められる、ということです。
逆に言えば、法律「ごとき」が制限できてしまう程度の権利でした。
これに対して「日本国憲法」は、基本的人権を「侵すことのできない永久の権利」としています。そもそも法律などによって、認められたり認められなかったりするようなものではない、ということですね。

基本的人権の尊重⑤

基本的人権と「公共の福祉」の関係

> 「公共の福祉」とは何か。
> 他人の人権？社会全体の利益？

「侵すことのできない永久の権利」でも…

他人の人権とぶつかるときは、
人権は制限される

🏛 「公共の福祉」とは

日本国憲法の基本的人権に関する条文の中に、何度か「公共の福祉」という言葉が登場します。

日本国憲法　第12条
この憲法が国民に保障する自由及び権利は、国民の不断の努力によつて、これを保持しなければならない。又、国民は、これを濫用してはならないのであつて、常に**公共の福祉**のためにこれを利用する責任を負ふ。

日本国憲法　第13条
すべて国民は、個人として尊重される。生命、自由及び幸福追求に対する国民の権利については、**公共の福祉**に反しない限り、立法その他の国政の上で、最大の尊重を必要とする。

この「公共の福祉」という言葉の意味については、専門家の間でも膨大な議論や考え方の移り変わりがあります。

ひとつの有力な説明は**「他人の人権」**ととらえるものです。「自分の人権が他人の人権とぶつかる場合、ある程度、人権は制限されるべきである」「人を殺してはいけないのは、他人にも生きる権利があるからである」という、非常にわかりやすい考え方です。

「公共の福祉」を「国益」や**「社会全体の利益」**ととらえる考え方もあります。これは、「個人の尊重」をうたう憲法の精神と相いれないと批判されることもあります。
ただ、「社会全体の利益」が、個人の人権に対して及ぼす影響がゼロであるべきかというと、そうとも言えないのではないか、という意見も有力です。

平和主義①

憲法9条と自衛隊の関係

> 「自衛に必要な最小限度の実力」の保持は認められる

もし外国から攻撃されたら…

国民の安全を守る責任を負う政府の見解は…

「自衛のための最低限度の実力」はOK

攻撃に特化した武器はNG

🏛 「平和主義」

三大原則の最後のひとつ、「平和主義」に関する議論もなかなか複雑です。まず、あらためて第9条の文言を見てみましょう。

日本国憲法　第9条
日本国民は、正義と秩序を基調とする国際平和を誠実に希求し、国権の発動たる戦争と、武力による威嚇又は武力の行使は、国際紛争を解決する手段としては、永久にこれを放棄する。
前項の目的を達するため、陸海空軍その他の戦力は、これを保持しない。国の交戦権は、これを認めない。

「戦争の放棄」「戦力の不保持」「交戦権の否認」という考え方は素晴らしいものです。とはいえ、日本が軍隊を捨てれば、周りの国が日本に攻めてくることはない、という理屈が成り立つかどうかは、人によって意見の分かれるところでしょう。

🏛 明らかに攻撃に特化した武器の保有はNG

憲法13条は、「生命、自由及び幸福追求に対する国民の権利については……最大の尊重を必要とする」と規定しています。

日本が他国の軍に攻撃される可能性は、常にゼロではありません。そんな中、国民の「生命、自由及び幸福追求」に対する権利が認められているということは、当然、他国の攻撃から身を守る自衛権、そしてその裏づけとなる自衛力の保持も認められる、というのが日本国政府の見解です。

だからこそ、日本が持つことができる自衛力は「自衛のための最小限度の実力」に限られるとされています。

大陸を超えて飛ぶミサイルや、長距離戦略爆撃機、攻撃型空母といった、明らかに攻撃に特化した武器の保有は認められません。

平和主義②

「交戦権」は戦争をする権利ではない!?

 「交戦権」＝交戦状態に入った国に認められる権利

交戦権とは？

① 国家として戦争を行う権利

② 国際法上、交戦状態に入った国に認められる権利

例：相手国の兵力を破壊・殺害する権利など

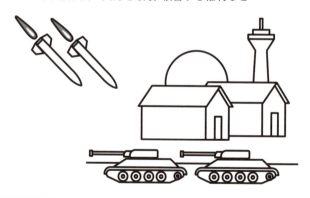

日本は ② の意味で解釈している！

🏛 「交戦権」とは

日本国憲法第9条には、「国の交戦権は、これを認めない。」という文言もありました。

これを読んで、

「『交戦権を認めない』ってことは、結局、自衛のための戦いもできないということにならないの？」

と不思議に思われる方がいらっしゃいます。

この「交戦権」を、「国家として戦争を行う権利」ととらえると、たしかに上記のように解釈することもできます。

🏛 政府の見解は？

ただ、「交戦権」には、「国際法上、交戦状態に入った国に認められる権利」という意味もあります。

具体的には、「相手国の兵力を破壊・殺害する権利」や、「相手国を占領したり、港などを封鎖したりする権利」などが挙げられます。

日本国政府も「交戦権」については、後者の意味で解釈しており、「わが国が自衛権の行使として相手国兵力の殺傷と破壊を行う場合、外見上は同じ殺傷と破壊であっても、それは交戦権の行使とは別の観念のものです。」と述べています。

政府の見解については、防衛省・自衛隊のHPに詳しくまとめられていますので、興味のある方は直接ご覧になってみてください。

平和主義③

近年、一部容認された「集団的自衛権」

 友だちが攻撃されたとき一緒に抵抗する権利

個別的自衛権

日本が攻撃されたときに…　　　防衛する権利

集団的自衛権

同盟国が攻撃されたときに…　　　一緒に戦う権利

🏛 個別的自衛権と集団的自衛権

戦後しばらくの間は、日本が自衛権を持つことの是非自体が議論されていましたが、1959年、最高裁は日本も「必要な自衛の措置を取り得る」という判決を下しました。(砂川判決)。

自衛権は、大きく2種類に分けられます。自国が攻撃されたときに防衛する権利を「個別的自衛権」、自国と密接な関係のある他国が攻撃されたときに、共に防衛する権利を「集団的自衛権」と呼びます。

友達と2人で歩いていたら、誰かが友達に殴りかかってきた。放っておいたら次は自分がやられる可能性が高いとき、友達と一緒に抵抗する権利、それが「集団的自衛権」のイメージです。

🏛 アメリカが攻撃されたら日本の存立の危機!?

国連憲章は、「個別的自衛権」と「集団的自衛権」を、参加国が持つ権利として認めています。しかし、日本国憲法には自衛権に関する明確な規定がありません。

日本国政府は長い間、「憲法9条のもとでは、個別的自衛権は認められるが、集団的自衛権は認められない」という立場をとっていましたが、**2015年、集団的自衛権を一部認める法改正**が行われました。

ここ数十年の国際情勢の変化やテクノロジーの進化により、アメリカと日本のイージス艦が、データを共有しながら敵国のミサイルを打ち落とすような状況が想定されるようになってきた。

そんな中、アメリカのイージス艦が攻撃を受けたとすれば、それは日本の存立が脅かされる危機であり、放っておくわけにはいかない。

時代の変化とともに「必要な自衛の措置」も変化する、というのが、一連の法改正に向けて動いた安倍内閣の説明でした。

平和主義④

「日米安全保障条約」のいきさつ①

1951年の日米安保は「米軍の日本駐留を認める」だけのもの

最初の日米安保条約

1945年～ 終戦後、日本はGHQによって占領される

↓

1951年

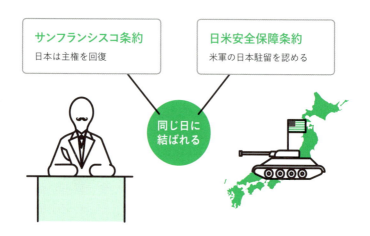

サンフランシスコ条約
日本は主権を回復

日米安全保障条約
米軍の日本駐留を認める

同じ日に結ばれる

🏛 GHQの占領は終わったが…

「平和主義」について語る場合、アメリカ軍との関係も避けては通れない話題です。

日本がアメリカなどの連合国との戦争に敗北した1945年8月以降、日本は連合国軍総司令部（GHQ）によって占領されました。

その6年後、1951年9月8日に、日本と連合国の間で、講和条約である「サンフランシスコ平和条約」が結ばれます。この条約によって、GHQによる占領は終わりを告げ、日本は独立した国家として国際社会に復帰します。

しかし、時は冷戦。資本主義国家の代表であるアメリカに、社会主義国家であるソ連や中国の、目と鼻の先に位置する日本から、軍隊を引き揚げる選択肢はありませんでした。

そこで、**サンフランシスコ平和条約が結ばれたその同じ日に、日本とアメリカの間で「日米安全保障条約」が結ばれました**。

🏛 日本にとって不名誉な内容

このときの日米安全保障条約は、ほぼ「米軍が日本に引き続き駐留することを日本が認める」だけのものでした。

当時の首相、吉田茂は、サンフランシスコ講和会議に、池田勇人大蔵大臣など5人のメンバーを伴って臨みましたが、日本にとって不名誉な「日米安全保障条約」には自分だけが署名することにしたと言われています。

この日米安全保障条約は、1960年、岸信介内閣の下で大きな転機を迎えます。

平和主義⑤

「日米安全保障条約」のいきさつ②

1960年の新日米安保で米軍は日本を守るために戦うこととなった

新日米安保条約

1951年
旧日米安保条約
- - - - - - - - - - - -
米軍の日本駐留を認める

1960年
新日米安保条約
- - - - - - - - - - - -
日本が他国に攻撃されたときは、米軍が日本と共に戦う

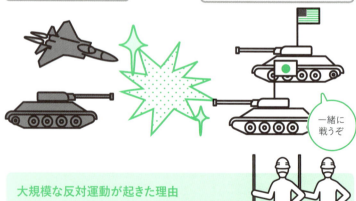

一緒に戦うぞ

大規模な反対運動が起きた理由
- 日本がアメリカの戦争に巻き込まれるのではないかという不安
- 条約を短期間で成立させようとした岸内閣への反発 etc.

🏛 「安保闘争」のきっかけに

1960年、岸信介内閣は「新日米安全保障条約」を締結します。

内容の解釈については諸説ありますが、ざっくり説明すると、「日本が米軍の日本駐留を認める」とした旧安保条約に、**「日本が有事の際は米軍も日本と共に防衛する」**という要素が加わりました。

日本にとって悪くない話であるようにも思えますが、当時の日本では「安保闘争」と呼ばれる大規模な反対運動が起きます。

背景には、「安保により日本がアメリカの戦争に巻き込まれる可能性が高まるのではないか」といった不安や、在日米軍の犯罪が免責される可能性への反発、強引な国会運営で決めきろうとした岸内閣への反感などがあったと言われています。

その結果、岸内閣は新安保の締結の直後に総辞職しました。

🏛 日本はアメリカのために戦えない

このときの安保は、「日本が米軍の駐留を認める代わりに、米軍は日本のために戦う」というものでした。

そうなると今度は、在日米軍が危険な状態に陥ったときに日本(自衛隊)が助けることができない。言い換えるならば、日本のアメリカに対する集団的自衛権が認められていないことを問題視する人が出てきました。

それから50数年経った2014年、岸信介の孫でもある安倍晋三氏が総理を務める安倍内閣は、日本のアメリカに対する集団的自衛権を一部認めることを閣議決定し、翌年、法改正を実現しました。

平和主義⑥

米軍基地と「日米地位協定」

> 日本にある米軍専用施設の
> 7割以上が沖縄に集中している

米軍基地の国内分布 ※在日米軍施設・区域（専用施設）の面積

沖縄への一極集中が顕著

- 沖縄県 70.28%
- 山口県 3.29% 岩国飛行場など
- 青森県 9.02% 三沢飛行場など
- 神奈川県 5.6% 厚木海軍飛行場 キャンプ座間 など

普天間移設問題

住宅街の中にある普天間から辺野古へ!?

普天間基地 → 辺野古
■ 米軍基地

※平成30年3月31日、防衛省・自衛隊発表

普天間飛行場の辺野古移設問題

日米安全保障条約に基づいて、アメリカは日本の各地に軍事基地を置いています。日本にあるアメリカ軍専用の施設や区域の面積を測ると、その7割以上が沖縄県に集中しています。

とくに、沖縄県宜野湾市にある普天間飛行場は、住宅地の中にあり、騒音の被害や墜落事故が発生したときの危険性が大きいため、沖縄県北部の名護市にある辺野古への移転計画が進められています。

ただ、**辺野古に移したとしても、沖縄県の基地負担が軽くなるわけではないため**、移設に反対する声もあります。

「地方自治」のところでも説明しますが、日本ではあくまで「国」と「地方（この場合は沖縄県）」は対等ですから、沖縄県が反対するのであれば、国が正当な手続きを踏まずに強引に移設を進めることはできません。

「日米地位協定」とは

米軍基地に関しては、「日米地位協定」についても知っておいていいかもしれません。

日本に駐留する米軍の「地位」を規定した条約ですが、この条約により、**日本で罪を犯したアメリカの軍人の取り調べや裁判を行う権利が、かなりの程度アメリカに認められています。**

これにより1995年には、アメリカの軍人3名が12歳の女子小学生を拉致・集団強姦した際、その3人が日本に引き渡されなかったことが大きな問題になりました。

中学入試レベルの問題にチャレンジ！②

下記の文章を読んで、続く問いに答えなさい。

> ①日本国民は、正当に選挙された国会における代表者を通じて行動し、われらとわれらの子孫のために、諸国民との協和による成果と、わが国全土にわたつて②自由のもたらす恵沢を確保し、政府の行為によつて再び戦争の惨禍が起ることのないやうにすることを決意し、ここに主権が国民に存することを宣言し、この憲法を確定する。そもそも国政は、国民の厳粛な信託によるものであつて、③その権威は国民に由来し、その権力は国民の代表者がこれを行使し、その福利は国民がこれを享受する。これは人類普遍の原理であり、この憲法は、かかる原理に基くものである。われらは、これに反する一切の憲法、法令及び詔勅を排除する。
>
> 日本国民は、恒久の④平和を念願し、人間相互の関係を支配する崇高な理想を深く自覚するのであつて、平和を愛する諸国民の公正と信義に信頼して、われらの安全と生存を保持しようと決意した。われらは、平和を維持し、専制と隷従、圧迫と偏狭を地上から永遠に除去しようと努めてゐる国際社会において、名誉ある地位を占めたいと思ふ。われらは、全世界の国民が、ひとしく恐怖と欠乏から免かれ、平和のうちに生存する権利を有することを確認する。……

問１．下線部①の原則を何と呼ぶか、漢字５文字で答えなさい。

答え：＿＿＿＿＿＿＿

問２．下線部②について、次のうち、自由権に基づくものをひとつ選んで、記号で答えなさい。

ア：兄は、父のあとを継いで政治家になった。
イ：母の会社では、昇進や給料に男女の差はない。
ウ：ぼくは公立の小学校に通っている。
エ：パワハラを放置した会社を裁判所に訴えた。

答え：＿＿＿＿＿＿＿

問3. 下線部③の文言のもとになった「人民の人民による人民のための政治」という言葉を残したアメリカ大統領は誰ですか？

答え：＿＿＿＿＿＿＿＿

問4. 下線部④に関して、「戦争の放棄」について定めた下記の条文の下線部（ア）～（エ）のうち、誤っているものをひとつ選び、記号で答えなさい。

日本国憲法　第9条
日本国民は、正義と秩序を基調とする国際平和を誠実に希求し、(ア) 主権の発動たる戦争と、武力による威嚇又は武力の行使は、国際紛争を解決する手段としては、永久にこれを (イ) 放棄する。
前項の目的を達するため、陸海空軍その他の (ウ) 戦力は、これを保持しない。国の (エ) 交戦権はこれを認めない。

答え：＿＿＿＿＿＿＿＿

問5. 次の選択肢のうち、内容が誤っているものをひとつ選び、記号で答えなさい。

ア：1992年にPKO協力法が制定されて以来、自衛隊は世界各地に派遣されてきた。
イ：非核三原則のうち、「持ち込ませず」が守られていたかは非常に疑わしいとされている。
ウ：PKOで派遣された自衛隊が、離れた場所で武装勢力に襲われている国連職員などを助けにいくことはできない。
エ：朝鮮戦争をきっかけにして結成された警察予備隊は、2年後に保安隊となり、さらにその2年後、自衛隊となって現在に至る。

答え：＿＿＿＿＿＿＿＿

解答・解説

問１． 間接民主制
日本国憲法は前文の冒頭で、国民に選ばれた代表者が政治を進める「間接民主制」を徹底すると宣言しています。

問２． ア
アは「職業選択の自由（自由権）」、イは「平等権」、ウは「教育を受ける権利（社会権）」、エは「裁判を受ける権利（請求権）」に基づくものです。

問３． リンカーン
1863年、南北戦争が終結した数か月後、激戦地となったゲティスバーグでリンカーンが行った演説は、きわめて短いスピーチでしたが、多くのアメリカ国民の記憶に残るものとなりました。

問４． ア
正しくは「国権の発動たる戦争」です。

問５． ウ
イについて、2010年、外務省の有識者会議は、1960年の日米安保条約改定時に核「持ち込み」を巡って日米間に「広義の密約」があったとする報告書をまとめました。ウについて、2015年にPKO協力法が改正され、海外でPKO活動に従事している自衛隊が、近くで暴徒などに襲撃されている人の保護にあたる「駆け付け警護」が法的に可能となりました。

PART 3

国会のキホン

日本国憲法が、
「国権の最高機関」にして
「国の唯一の立法機関」と定める国会、
いったいどんな組織なのでしょうか。
どんな役割を担っているのでしょうか。

国会の定義

「国権の最高機関」にして「唯一の立法機関」

▷ 主権者である国民に選ばれた人だけが国会議員になれる

国会と内閣・裁判所の違い

国民に選ばれない限り国会議員にはなれない！

国民に選ばれていなくても大臣になれる！

裁判官はそもそも選挙で選ぶものではない！

🏛 国会が「国権の最高機関」である理由

　日本国憲法第41条は、「国会は、国権の最高機関であつて、国の唯一の立法機関である」と規定しています。

　憲法が、「内閣」でも「裁判所」でもなく、「国会」に「国権の最高機関」としての地位を与えているのはなぜでしょうか。

　その理由は非常に簡単です。国会を構成する国会議員になるには、国民によって選挙で選ばれる以外に方法がないからです。

　内閣は「総理大臣」と、十数名の「国務大臣」によって構成されていますが、この国務大臣は「過半数が国会議員」であればいいとされています。実際にはほぼ国会議員が務めますが、たまに大学の先生など、特定の分野の専門家が大臣に任命されることがあります。

　裁判官になる方法は、司法試験やそれに続く司法修習中の試験を上位で突破することです。もちろん適性も必要です。しかし、選挙で選ばれるわけではありません。

　つまり、内閣や裁判所のメンバーになるには、「国民から選ばれる」以外のルートが存在するわけです。

　この国で主権、すなわち政治に関して最終的に決定する力を持つのは国民です。ですから、この国では、**少なくとも政治に関しては、どんなに優秀な人よりも国民に選ばれた人の方が「えらい」**のです。

　そのため、国民に選ばれた人のみで構成される国会が「国権の最高機関」とされており、日本国民すべてが守らなければならないルールである「法律」を作る権利、すなわち「立法権」も国会だけに与えられているのです。

二院制

衆議院と参議院の2つがある理由

> 国民の幅広い意見を取り入れ、審議をより慎重に行うため

衆参の比較

衆議院	比較点	参議院
465人	議員定数	248人
4年 ※解散の場合は期間満了前に終了	任期	6年
満25歳以上	被選挙権	満30歳以上
「総選挙」 小選挙区比例代表並立制	選挙	「通常選挙」 選挙区制と比例代表制
あり	解散	なし

人数や任期などに違いがある

　日本の国会は「衆議院」と「参議院」からなる「二院制」を採用しています。国会議事堂を正面から見て、右に位置するのが参議院、左に位置するのが衆議院です。

　二院制のメリットは、国民の幅広い意見を取り入れ、審議をより慎重に行えることだとされています。それは裏を返すと、「審議により多くの時間と費用がかかる」というデメリットでもあります。

　国民の幅広い意見を取り入れるため、衆議院と参議院では、人数や被選挙権（立候補できる年齢）、任期などに違いが設けられています。

　とくに大きく異なるのは、解散の有無です。参議院に比べ、**任期が短く解散がある衆議院は、より直近の民意を反映していると考えられ**るため、様々な面で参議院に対する「優越」が認められています。

　逆に、解散がなく任期が長い参議院は、政局に振り回されることなく、長期的な視野に立って審議を進める「良識の府」であることが期待されています。

　本会議の採決で賛成と反対が同数だった場合、最後の議長の投票によって可否が決まります。議長決裁はこれまで2回ありますが、いずれも当時の議長は「賛成」の票を投じ、当該法案は可決されています。

　ちなみに、戦前の国会（帝国議会）も、「貴族院」と「衆議院」の二院制を採用していました。貴族院の議場を引き継いだ参議院の本会議場には、天皇の特別席があり、現在でも天皇が臨席する国会の開会式は、参議院の本会議場で開催される慣わしとなっています。

\豆知識/

「議長」って誰がやるの？

　衆議院や参議院において議事を整理する役職を「議長」と呼んでいます。原則として、選挙によって議会のメンバーが変わるたびに多数決で選出されます。
　当選回数の多いベテラン議員が選ばれがちな役職で、これまでほとんど自民党の「長老」議員が務めてきました。1955年以降、自民党出身の議員以外で衆議院議長を務めたのは、日本社会党の土井たか子氏と民主党の横路孝弘氏だけです。

国会の仕事

国会の仕事は主に8つある

 法律の制定・改廃、予算の議決、内閣不信任決議など

国会の主な仕事

衆議院の優越あり	①	法律の制定・改廃
	②	予算の議決
	③	条約の承認
	④	内閣総理大臣の指名
衆議院のみ	⑤	内閣不信任決議
衆議院の優越なし	⑥	憲法改正の発議
	⑦	弾劾裁判所の設置
	⑧	国政調査権

🏛 国会の主な仕事

国会の一番の仕事は、もちろん「法律の制定・改廃」です。しかし、それ以外にも重要な仕事がいくつもあります。主な国会の仕事は以下の8つです。詳しくはP86以降で扱います。

①法律の制定・改廃

内閣か国会議員によって提出された法律案について、審議を重ね、議決します。

②予算の議決

内閣が提出した予算案に基づき、政府の1年間の収入と支出の見積もりを決めます。

③条約の承認

条約とは、国と国との約束を文章にしたものです。条約を「締結」するのは内閣ですが、国会で「承認」されなければ、その条約は効力を有しないとされています。

④内閣総理大臣の指名

内閣の長である内閣総理大臣を、国会議員の中から指名します。

⑤内閣不信任決議

衆議院の出席議員の過半数の賛成により、内閣を総辞職させることができます。

⑥憲法改正の発議

衆議院と参議院、各議院の総議員の3分の2以上の賛成を必要とするため、衆議院の優越はありません。

⑦弾劾裁判所の設置

裁判官が罪を犯した場合、その裁判官の裁判は裁判所には任せず、14名の国会議員で構成される弾劾裁判所が担当します。

⑧国政調査権

主に委員会に与えられた、国の政治について調査する権限です。様々な記録を国会に提出させたり、「参考人招致」や「証人喚問」という形で国会に証人を呼んだりすることができます。

国会の種類①

「通常国会」と「臨時国会」それぞれの特徴

> 毎年1月に召集される「通常国会」の主な議題は「予算」

国会はいつ開かれているのか

通常国会
1月召集。延長なければ6月頃閉会

臨時国会
秋頃よく開かれる
会期は両院の議決による
（延長は2回まで）

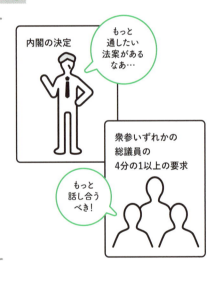

内閣の決定
もっと通したい法案があるなあ…

衆参いずれかの総議員の4分の1以上の要求
もっと話し合うべき！

2017年の国会の会期

種類	召集日〜終了日	会期
通常国会	1/20〜6/18	150日
臨時国会	9/28〜9/28（解散）	1日
特別国会	11/1〜12/9	39日

🏛 「通常国会（常会）」

国会は召集されるタイミングや、主な議題によって、3つに分けられます。1つ目が、毎年1回、1月から150日間開催される「通常国会」（常会）です。

会期は150日と決められていますが、1回のみ、延長することができます。これは1日だけ延ばすということではなく、1回だけ、何日延ばすかを決めることができるということです。延長の上限に明確な規定はありません。

通常国会の冒頭では、総理大臣が「施政方針演説」を行い、その1年の政府の方針を発表します。
通常国会で優先的に審議されるのは「予算」ですが、もちろん予算以外にも様々な法案についての審議が進められます。

🏛 「臨時国会（臨時会）」

通常国会は、（延長がなければ）ほぼ6月に終了しますが、その後、内閣の側に成立させたい法案が増えてくると、「臨時国会（臨時会）」が召集されます。

原則として、臨時国会の召集を決める権利は内閣にありますが、「衆議院か参議院の総議員の4分の1以上の要求」があったときは、内閣は臨時国会を召集しなければならないとも定められています。

ただ、野党が臨時国会の召集を要求しても、そこから「内閣はいつまでに召集しなければならない」という期限は決められていません。
そのため、**野党の要求を、通常国会の召集が近いことを理由に内閣が事実上拒否することもあるようです。**

国会の種類②

「特別国会」は解散総選挙の直後に開かれる

> 権力の空白を避けるため、
> 真っ先に総理大臣の指名が行われる

特別国会とは

衆議院解散後の総選挙が終わったら…

↓ 30日以内

特別国会

- 議題：総理大臣の指名が最優先
- 会期：両院一致の議決で決定（延長は2回まで）

衆議院が任期満了で選挙を迎えた場合は、臨時国会が開かれる

PART3 国会のキホン

🏛「特別国会（特別会）」

内閣総理大臣が「衆議院の解散」を決めると、40日以内に「衆議院議員総選挙」が実施されます。

その選挙から30日以内に召集されるのが「特別国会（特別会）」です。**特別国会は、衆議院が解散された年にしか開催されない**、本当に特別な国会です。

総理は「国会議員」の中から指名されますが、実際には「衆議院議員」の中から指名されます。そのため、厳密にいえば衆議院が解散された時点で、総理は総理である資格を失います。

ただ、権力の空白を避けるため、解散後も内閣は維持され、「特別国会」の召集とともに、内閣は総辞職することになります。

憲法は、総理が不在のときは、すべての案件に先立って総理の指名を行うよう国会に命じています。そのため、特別国会では真っ先に新しい総理の指名が行われます。

ちなみに、衆議院が解散ではなく4年の任期満了を迎えた場合は、総選挙後、特別国会ではなく臨時国会が召集されます。しかし、衆議院が任期満了を迎えたのは戦後1回しかありません。

🏛 参議院の「緊急集会」

衆議院が解散・総選挙中、つまり衆議院が存在しない期間中、緊急の場合、内閣に参議院だけを集める権利が認められています。これを参議院の「緊急集会」と呼び、1950年代に2回だけ開かれています。

「緊急国会」と言わないのは、憲法が「国会は、衆議院及び参議院の両議院でこれを構成する」と定めているからだと考えられます。

また、「衆議院の優越」の原則により、**緊急集会で決められたことは、次の国会で衆議院が追認しないと効力を失います**。

委員会とは

本会議は議決の場、細かい審議は委員会で

 数十名の国会議員で構成される常任委員会と特別委員会

衆議院の委員会

常任委員会

- 内閣委員会
- 総務委員会
- 法務委員会
- 外務委員会
- 財務金融委員会
- 文部科学委員会
- 厚生労働委員会
- 経済産業委員会
- 農林水産委員会
- 国土交通委員会
- 環境委員会
- 安全保障委員会
- 国家基本政策委員会
- 予算委員会
- 議院運営委員会
- 決算行政監視委員会
- 懲罰委員会

特別委員会（2020年通常国会）

- 災害対策特別委員会
- 地方創生に関する特別委員会
- 原子力問題調査特別委員会

etc.

🏛 「常任委員会」と「特別委員会」

国会というと、議員が一堂に会し、多数決で法案や予算案を決めていく「**本会議**」を思い浮かべる人が多いでしょう。

しかし、本会議はどちらかというと、議決に特化した場で、国会における細かい審議は、その前の「**委員会**」を中心に進められています。

衆議院と参議院には、それぞれ、「予算委員会」「内閣委員会」「総務委員会」といった17の「常任委員会」が設置されています。

常任委員会の中でも、とくに予算委員会は、総理をはじめとする重要閣僚が参加し、マスコミや国民の注目度も高い委員会です。予算に限らず、国政全般について広く質疑が行われる傾向があります。

また、常任委員会とは別に、必要に応じて、「原子力問題調査特別委員会」や「地方創生に関する特別委員会」といった「特別委員会」が設置されることもあります。

🏛 「委員会中心主義」

ひとつの委員会は、原則として20～50名ほどの国会議員で構成されます。大臣や副大臣など一部の例外を除き、国会議員は会期中、いずれかの常任委員会に所属します。2つの委員会をかけ持ちしている議員も少なくないようです。

日本の国会は「**委員会中心主義**」をとっています。法案を最終的に本会議に上程するかどうかを決めるのは委員会であるため、法律の制定において委員会が持つ力は大きいといえます。

参考人招致や証人喚問などに代表される「国政調査権」を行使するのも、原則として委員会です。

法律の作り方①

国会で法律が作られるまでの流れ

> 衆・参の本会議で「出席議員の過半数」が賛成すれば成立する

法律のできるまで

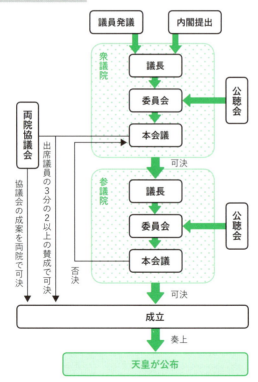

🏛 議長に提出→委員会→本会議

それでは、国会で主に扱う法律案は、どういう流れで発案され、成立するかを具体的に見ていきましょう。

続くページで詳しく解説しますが、「法律案」を国会に提出できるのは「内閣」と「国会議員」だけです。

準備された法律案は、まず、衆議院か参議院の「議長」に提出されます。衆議院から始めるか参議院から始めるかは自由ですが、ここでは先に衆議院に提出されたものとして話を進めます。

議長に提出された法律案は、そのあと「委員会」に送られます。委員会では、その法律案に詳しい国会議員が集まり、議論を重ねます。専門家の意見を聞くための「公聴会」が開かれることもあります。

そのようにして細部が詰められた法律案は、最終的に「本会議」に送られ、ここで「出席議員の過半数」が賛成すれば可決されます。

衆議院で可決された法律案は、そのあと参議院に送られ、こちらでも「本会議」で「出席議員の過半数」が賛成すれば可決されます。

衆議院と参議院の両方で、それぞれ「出席議員の過半数」が賛成した法律案は、正式に法律となり、天皇によって公布されます。

\ 豆知識 /

「出席議員」と「総議員」

衆議院と参議院の本会議は、総議員の3分の1以上の議員が出席していないと始まりません。この「総議員の3分の1以上」を「定足数」と呼びます。

国会が扱うほとんどの議題は、この定足数を満たした状態で、「出席議員の過半数」が賛成すれば可決されます。

これに対して、「憲法改正の発議」は、各議院の「総議員の」3分の2以上の賛成が必要です。「出席議員の」ではなく、「総議員の」となると、欠席や棄権はすべて「反対」扱いになりますので、より可決が難しくなります。

法律の作り方②

法案を国会に提出できるのは内閣か国会議員だけ

▷ 国民が法案を国会に
提出することはできない!?

法律案を出せるのは内閣か国会議員だけ

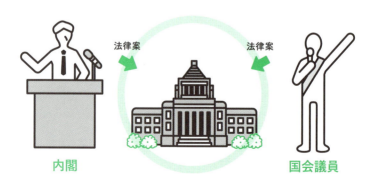

「請願」は可能、「請求」は不可能

「間接民主制」が徹底されている日本では、国会に「法律案」を提出できるのは「内閣」か「国会議員」だけ、と決められています。

国会議員ではない私が、いくら「こんな法律があったらいいのになぁ」と思っても、直接国会に「こんな法律を作ってほしいので検討してください！」と求める（＝請求する）ことはできません。

お願いする（＝請願する）ことはできますが、国会の側にそれに対応する義務は発生しません。

法律を作って世の中を変えていきたい場合は、内閣か国会議員に影響を与えることができる人になるか、いっそのこと自分が選挙で立候補して国会議員になるしかない、ということになります。

ちなみに、P213で詳しく扱いますが、都道府県や市町村といった地方の政治においては、住民が議会に、その地方のルールである条例の制定などを請求する制度が存在しています。

\ 豆知識 /

国会議員の1週間

国会議員は、通常国会や臨時国会などが開かれている会期中、「本会議」や「委員会」に出席する必要があります。本会議は週3日、委員会は週2日開かれることが多いようです。

このほかにも、所属する政党の議員総会や部会、党派を超えて集まる政策勉強会などの会合に出席し、さらにその合間を縫って、議員会館を訪れる陳情者の話を聞いたり、様々な人と会食をしたりしています。

多くの議員たちは、金曜日の夜には地元に帰り、支援者たちとの会合や様々な行事に参加し、火曜日の朝までに東京に戻り、次の週を迎えます。

このような国会議員の週末の過ごし方を指す、「金帰火来」という言葉まで存在しています。

国会閉会中は、地元に戻ってイベントや会合に顔を出し、有権者たちの抱えている課題を聞き取りながら、次の選挙に向けて支持基盤を固める議員が多いようです。

法律の作り方③

国会議員が提出した法案の成立率はとても低い

▷ 国会で成立する法案のほとんどは内閣が提出したもの

法律案の提出・成立件数（通常国会）

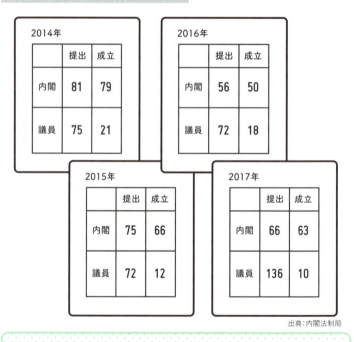

2014年

	提出	成立
内閣	81	79
議員	75	21

2015年

	提出	成立
内閣	75	66
議員	72	12

2016年

	提出	成立
内閣	56	50
議員	72	18

2017年

	提出	成立
内閣	66	63
議員	136	10

出典：内閣法制局

議員立法は成立が難しい

🏛 「議員立法」は2割以下の成立率

実際に成立する法案は内閣が提出したものであることが多く、国会議員が法案を提出すること、もしくは提出した法案を、あえて**「議員立法」**と呼ぶことがあります。

内閣が提出する法案の中身は、官僚と呼ばれる国家公務員たちが作っていることがほとんどです。三権分立とはいえ、行政を担当する内閣が立法にも強く影響を及ぼしていると言われることもあります。

内閣が提出した法律案は、「ねじれ国会」でない限り、ほぼ国会で可決されます。平成29年通常国会では、内閣提出法案66件のうち、63件が成立した一方で、議員立法136件のうち、成立したのは10件です。

🏛 法案を提出するだけでも賛同者が多数必要

そもそも、国会議員が法律案を国会に提出すること自体、簡単なことではありません。

国会議員が法案を国会に提出するには、衆議院では20名以上、参議院では10名以上の国会議員の賛成が必要です。

その法案が予算を必要とする場合は、衆議院では50名以上、参議院でも20名以上の賛成が必要となります。

さらに衆議院では、原則として所属する会派がOKを出している法案以外、受理されないというルールもあるようです。

こういった条件をゆるめると、自分の選挙区や支持団体のための法案を数多く提出する国会議員が出てくる可能性があります。政党や内閣には、自分たちの思惑とは異なる法案が出されることを避けたい、という思いもあります。

結果として、国会議員が自分の想いを実現させるために議員立法に取り組む場合、かなり高いハードルを越える必要が生じています。

予算の議決

「予算」＝政府の1年の収入と支出の見積もり

> 3月中の成立を目指して通常国会で優先的に審議される

予算が議決されるまで

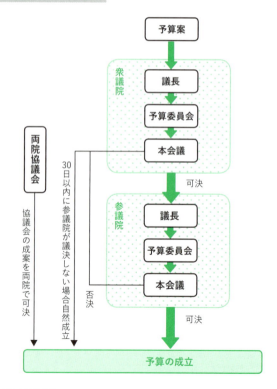

約110兆円のお金の使いみち

予算とは、1年間に政府に入ってくるお金（＝歳入）と、その使いみち（＝歳出）の見積もりです。ここでいう**「1年間」とは、その年の4月1日から翌年の3月31日までを指します。**

ここ数年、日本政府は年間約110兆円強のお金を使っています。

具体的な使いみちについて、まずは前年の秋口から、内閣（主に財務省）が「予算案」を作成します。そして、年が明けて1月に通常国会が召集されると、予算案は衆議院に提出されます。法律案と異なり、**予算案は衆議院に先に提出されると決められています。**

衆議院の予算委員会において、公聴会も含めて審査が行われた後、本会議に上程された予算案は、法律案と同様に**「出席議員の過半数」の賛成を得て可決**されます。

その後、参議院でも審議・採決がなされますが、参議院が否決し、さらに両院協議会でも意見の一致を見なかった場合や、参議院が30日以内に議決を行わなかった場合は、衆議院の議決がそのまま国会の議決となります。

予算が3月末までに決まらないと、理屈としては4月以降、政府がお金を使えなくなってしまいます。全体としてスピーディーに決められるよう、衆議院が優越する部分が大きくなっています。

\豆知識/

 2024年の予算

2024年度の歳入は約112.7兆円でした。歳入の約6割が「租税および印紙収入」、約3割が「公債金」（借金）でした。

歳出の1位は「社会保障費」です。約3割が、医療・年金・福祉など、国民の健康や生活を守るために使われており、この費用は少子高齢化に伴い年々増え続けています。歳出の2位は「国債費」です。これは借金の返済に充てる費用です。借りてくる公債金よりも、返済する国債費の方が少ない状態が続いているため、政府の借金の残高は増える一方です。

歳出の3位は「地方交付税交付金」です。これは都道府県や市町村の財政格差を補うために、国から使いみちを決めずに交付されるお金です。

内閣総理大臣の指名

行政のトップを選ぶのも国会の重要な仕事

> 内閣総理大臣は（国民ではなく）国会によって指名される

日本：議院内閣制

アメリカ：大統領制

議院内閣制

行政を担う内閣のトップを決める「内閣総理大臣の指名」も、国会の重要な仕事です。

内閣総理大臣に選ばれるためには、2つの条件を満たさなければなりません。**「国会議員であること」**と**「文民であること（＝軍人ではないこと）」**です。内閣総理大臣は、この2つの条件を満たした人の中から国会によって指名されます。

内閣総理大臣をその地位につけるのは、国民ではなく国会である、というところがポイントです。ある内閣総理大臣に「国会議員」という立場を与えたのは国民ですが、その国会議員に「内閣総理大臣」という立場を与えたのは国会なのです。

地方自治は制度が違う

同じ行政のトップである都道府県の知事や市町村長、あるいはアメリカの大統領などは、住民や国民によって選挙で選ばれてその地位に就いています。

こういった制度を「二元代表制」や「大統領制」と呼ぶのに対し、日本の国の政治のように、行政の責任者を議会から選ぶ制度を**「議院内閣制」**と呼びます。

「国民によって選ばれた」という、民主主義の国における最大の「正義」を持っているアメリカ大統領と比べると、国会によって選ばれた日本の「内閣総理大臣」の方が、より国会と協調して政治を進めていくことが求められていると考えることができます。

内閣不信任決議

衆議院の伝家の宝刀「内閣不信任決議」

▷ 衆議院は過半数の賛成で大臣を全員辞めさせることができる

内閣不信任決議からの流れ

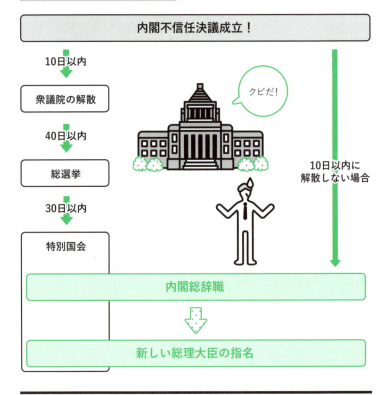

🏛 行政府である内閣を監視する役割

「議院内閣制」をとる日本では、内閣は国会の信任に基づいて成立するため、国会の信任を失ったときは、国会に対して連帯して責任を負う、すなわち全員で大臣を辞める必要が出てきます。

これを「内閣総辞職」と呼びます。

内閣は、行政についての責任を、「国民」ではなく「国会」に対して負っているため、ここでいう「(総) 辞職」とは、あくまで大臣が大臣でなくなることを指します。その大臣が国会議員であった場合、議員を辞める必要はありません。

「国会の信任を失う」とは、具体的には、衆議院が「出席議員の過半数」の賛成で「内閣不信任決議」を可決する、ということです(信任の決議案を否決するというパターンもあります)。

衆議院が内閣不信任決議を可決したら、内閣は「10日以内に衆議院を解散しない限り、総辞職」しなければならないと規定されています。

ただ、総理が「衆議院の解散」を選んだとしても、そのあとの特別国会の召集と同時に、前の内閣は総辞職することになるため、いずれにせよ内閣不信任決議の成立とともに内閣総辞職は確定します。

🏛 実際にあったのは戦後4回だけ

とはいえ、どんな総理でも、指名された時点では「衆議院の出席議員の過半数」の賛成を得ていたわけですから、**よほどのことがない限り、内閣不信任決議を野党だけで可決するのは難しい**といえます。

逆に、内閣不信任決議が可決された場合、その内閣は、かつては味方だったはずの国会議員からも信任できないと判断されたということになります。

ちなみに日本では戦後、4回だけ内閣不信任決議が可決されており、いずれも当時の総理は衆議院の解散を選んでいます。

弾劾裁判所の設置

裁判官を国会議員が裁く「弾劾裁判所」

> 裁判官の裁判は
> （裁判所ではなく）国会の仕事

弾劾裁判とは

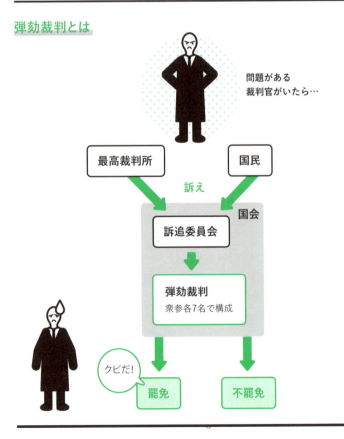

🏛 過去に7件で罷免が成立

仕事の仕方に著しく問題がある裁判官や、裁判官としての威信を著しく喪失させるようなことをした裁判官がいた場合、その裁判官を裁くのは、同僚である裁判官ではなく、国会の役割です。

日本国民は、問題があると考えられる裁判官がいた場合、国会にある「訴追委員会」に訴えることができます。また、最高裁判所が訴追委員会に審査を請求することもできます。

国会議員で構成される訴追委員会が、審査の上で、「罷免の訴追」を決定すると、「弾劾裁判所」での裁判が始まります。
弾劾裁判所は、**衆議院議員7名、参議院議員7名で構成**される裁判所です。ここで「罷免」が決まると、その裁判官は裁判官の身分を失います。弾劾裁判においては、とくに衆議院の優越はありません。

日本国憲法制定から現在までの間に行われた弾劾裁判（罷免訴追事件）は合計10件あり、そのうち8件で罷免が成立しています。
ちなみに、平成以降に成立した4件の罷免事由は、それぞれ「児童買春」「ストーカー行為」「盗撮」「インターネットへの不適切投稿」でした。

罷免の判決を受けた裁判官は、裁判官の身分だけでなく、弁護士や検察官になる資格も失います。
ただ、罷免の判決が宣告された日から5年が経過した上で、本人からの請求を受けて、弾劾裁判所が資格を回復させてもいいと判断した場合、資格の回復が実現します。
これまでに罷免された8人の裁判官のうち、4人については資格の回復が認められています。

国政調査権

国の政治に関する情報を広く集める「国政調査権」

「証人喚問」でウソをついたら偽証罪で懲役刑!?

証人喚問と参考人招致

	証人喚問	参考人招致
呼ばれたら…	行かなければならない	行かなくてもいい
ウソをついたら…	偽証罪	罪には問われない

3ヵ月以上10年以下の懲役と厳しい!

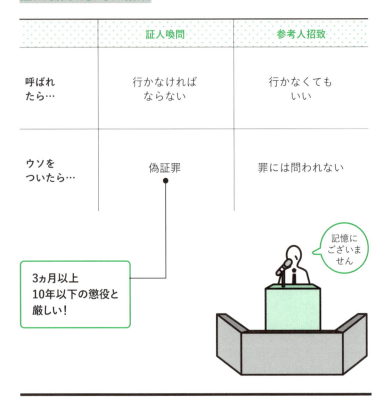

記憶にございません

🏛 世間の注目度が高い「証人喚問」

「国政調査権」は、証人に証言を求めたり、役所に記録や報告の提出を求めたりすることで、国政に関する情報を手に入れる権限です。

衆議院と参議院がそれぞれ独立して行使します。総務省が5年に1回実施する日本国民一斉アンケート、「国勢調査」とは別物です（字も違います）。

衆議院や参議院の委員会が、内閣や省庁に対して必要な情報を求める形で行使されることが多いようです。よくニュースなどで話題になるのは、特定の件について情報を持っていると考えられる人物を、国会に呼ぶ「参考人招致」や「証人喚問」でしょう。

とくに「証人喚問」に関しては、原則として出頭を拒否することができなかったり、何よりウソをついたことが判明した場合、偽証罪に問われ懲役を課されたりするので、世間の注目度も高くなります。

🏛 「刑事訴追のおそれがありますので…」

ウソはつけないことから、ロッキード事件の際には「記憶にございません」というフレーズが話題になりました。

近年では、かつて国税庁長官を務めた人物が「刑事訴追のおそれがありますので、答弁を差し控えさせていただきます」とくり返したのも、まだ記憶に新しいところです。

追及をかわす証人を非難するのは簡単です。しかし、**刑事訴追のおそれがある件に関して黙秘する権利は、法で認められた正当な権利**です。

そのため、証人喚問が、このような証人を非難するだけで終わるのであれば、司法権を持たない国会が確たる物的証拠もないまま、公開の場で裁判じみたことを行っている、という批判も成り立ちます。

衆議院の優越①

衆議院は参議院より大きな権力を持つ

> 任期が短く解散もある衆議院の方が
> より民意を反映しやすい!?

[衆議院の優越]の有無

内容	衆議院の優越
法律の制定・改廃	あり
予算の議決	あり
条約の承認	あり
内閣総理大臣の指名	あり
内閣不信任決議	あり (衆議院しかできない)
弾劾裁判所の設置	なし
国政調査権	なし
憲法改正の発議	なし

🏛 「衆議院の優越」

衆議院は参議院に比べ、任期が短く解散もあり、より国民の意見を反映しやすいと考えられるため、より大きな権力が与えられています。これを「**衆議院の優越**」と呼びます。

国会の仕事は大きく8つに分けて説明されることが多いですが、そのうち、「法律の制定・改廃」「予算の議決」「条約の承認」「内閣総理大臣の指名」の4つに関しては、衆議院と参議院が異なる結論を出した場合、なんらかの形で衆議院の議決が優先されます。
「内閣不信任決議」に至っては、そもそも衆議院しかできません。

🏛 衆議院が優越しないもの

逆に、「弾劾裁判所の設置」「国政調査権」、そして「憲法改正の発議」の3つは衆議院が優越しません。

弾劾裁判所は、衆議院議員7名と参議院議員7名で構成されるため、衆議院の優越はありませんし、そもそも滅多に開かれるものではありません。
国政調査権は、衆議院と参議院が、それぞれ独立して行使します。

憲法改正の発議には「各議院の総議員の三分の二以上の賛成」が求められるため、参議院が否決した場合、実質的に審議が終了します。
憲法改正反対派には、衆議院か参議院のどちらかで3分の1以上の味方を集めておけば、憲法改正の発議を止めることができるのです。

衆議院の優越②

「ねじれ国会」＝衆・参で多数派が異なる状態

 衆議院と参議院が異なる議決をしたら具体的にどうなる？

衆議院可決、参議院否決だった場合

	両院協議会	両院協議会で決まらなかった場合	みなし否決
法律の制定	開いても開かなくてもいい	衆議院の出席議員の3分の2以上の賛成で可決	60日
予算の議決	必ず開く	衆議院の議決で決定	自然成立 / 30日
条約の承認	必ず開く	衆議院の議決で決定	30日
総理の指名	必ず開く	衆議院の議決で決定	10日

🏛 国会の空転を防ぐ「みなし否決」

衆議院で過半数を超えている与党が、参議院で過半数を占めることができていない状態の国会を、「ねじれ国会」と呼びます。

ねじれ状態が続くと、衆議院で可決された法律案や予算案が参議院で否決されることが多くなるため、政治が前に進みにくくなります。

もっとも、野党が与党の足を引っ張ることそのものを目的としているのでない限り、審議をより慎重に進めるという本来の役割を参議院が果たしていると見ることもできます。

「法律の制定・改廃」について、参議院が衆議院と異なる議決をした場合、衆議院は再度多数決を採り、出席議員の3分の2以上の賛成で再可決することができます。

また、参議院が議決しないまま60日経った場合も、衆議院は参議院が否決したものとみなし(「**みなし否決**」)、再度多数決を採ることができます。

🏛 「両院協議会」と「自然成立」

「予算の議決」「条約の承認」「総理の指名」の3つについては、参議院が衆議院と異なる議決をした場合、まずは両院の代表者が話し合いをする必要があります。

これを「**両院協議会**」といいますが、両院協議会はたいてい決裂します。そうなると自動的に「衆議院の議決が国会の議決」となります。

また、参議院が30日(総理の指名に関しては10日)以内に議決しなかった場合も、自動的に衆議院の議決が国会の議決となります(「**自然成立**」)。

「みなし否決」や「自然成立」に至るまでの期限は、「法律の制定」「予算の議決」「条約の承認」「総理の指名」の順に、「60日」「30日」「30日」「10日」となっています。

自由民主党①

1955年から38年間続いた「55年体制」

▷ 「55年体制」＝自民党と社会党による「1と2分の1政党制」

議席の移り変わり

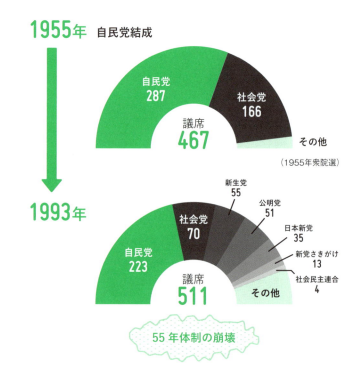

1955年 自民党結成

自民党 287
社会党 166
議席 467
その他
（1955年衆院選）

1993年

自民党 223
社会党 70
新生党 55
公明党 51
日本新党 35
新党さきがけ 13
社会民主連合 4
議席 511
その他

55年体制の崩壊

🏛 1993年の総選挙で敗北するまで

国会で、とくに衆議院で多数派を占め、内閣総理大臣、および国務大臣を輩出する党を「**与党**」と呼びます。複数の党が手を組んで与党を構成することもあり、これを「**連立**」と呼びます。

与党以外の政党は「**野党**」と呼ばれます。

1955年に「自由民主党」が結成されてから、1993年の総選挙で敗北するまで、自民党は38年間、与党であり続けました。この間、最大野党は「日本社会党」であることが多く、この「与党＝自民党、最大野党＝社会党」の状態は「55年体制」と呼ばれました。

55年体制は、自民党と社会党の比率がだいたい2：1だったため、「1と2分の1政党制」と呼ばれることもあり、「政権交代もなければ憲法改正の発議もない」という状態でした。

ただ、**自民党の中での派閥争いも激しかったため、自民党の中で「政権交代」のようなものが起こっていたと見ることもできます。**

自民党は1993年、細川内閣が成立した際、初めて野党になりましたが、その細川内閣も次の羽田内閣も長くは続かず、村山内閣のときにはすでに連立政権の1党に復帰し、村山首相が1996年に突如退陣を決めた後は、再び自民党の橋本龍太郎が総理に任命されました。

\ 豆知識 /

「右翼」と「左翼」

「右翼(右派)」と「左翼(左派)」という言葉は、フランス革命時の国民議会において、議長から見て右側の席に「保守派」が、左側に「革新派」が集まったことから生まれた言葉だと言われています。この頃の「右翼/保守派」は君主や身分制度を肯定し、「左翼/革新派」は身分制度を否定するものでした。歴史が進み、マルクス主義思想が生まれると、「左翼」は平等を追求する社会主義的な考え方、「右翼」はマルクス主義を否定する自由主義的な考え方の持ち主を指すことが多くなります。

現代の日本では、「右翼」は「保守主義」の他「国家主義」「軍事力強化に肯定的」「天皇制に対する敬意」、「左翼」は「革新主義」の他「社会主義」「人権派」「憲法9条死守」といったイメージとともに使われがちな言葉となっています。

自由民主党②

総裁の下の幹部役員「党五役」

> 幹事長・総務会長・政調会長の「党三役」
> ＋選対委員長・副総裁

党五役とは

党三役

幹事長
党務全般・
選挙全般の指揮

総務会長
党の意思決定機関である
総務会のまとめ役

政調会長
政策立案のための
政務調査会のトップ

選挙対策委員長
選挙の実務を担当

副総裁
総裁を補佐する重鎮

幹事長は事実上ナンバー２

多くの場合、総裁が内閣総理大臣の座に就くことが多い自由民主党において、党務全般を握るのが「**幹事長**」です。

選挙全般の指揮を執るという重要な役割を担っており、党内において非常に大きな力を持っていると言われています。自民党の歴代幹事長の中で就任期間がもっとも長かったのは、2016年から約5年2ヵ月務めた二階俊博氏です。

自民党が与党である際は、内閣が国会に提出する予算案や法案は、事前に25名の党員によって構成される総務会を通じて、各グループの了承を得る必要があります。この総務会のとりまとめ役が「**総務会長**」です。

役職中は大臣にならないのが一般的

また、自民党の政策は、国会議員や学識経験者で構成される政務調査会で研究・立案されます。この政務調査会の運営者、いわば自民党の政策立案の要となるのが「**政務調査会長（政調会長）**」です。

政調会長と副会長によって認められた政策が総務会に送られます。

「党三役」という言葉を使うときは、ここまでの「幹事長」「総務会長」「政調会長」の３つの役職を指します。

近年では、これに選挙の実務を担う「**選挙対策委員長**」を加えて「党四役」、さらに総裁を補佐する重鎮である「**副総裁**」を加えて「党五役」という言葉で、自民党の幹部役員を表すことが多くなっています。

明確な規定はありませんが、これらの幹部役員は、党務に注力するため、その役職についている間は国務大臣には任命されないのが一般的です。

自由民主党③

時代とともに変わる「派閥」の存在感

▷ 小泉内閣で弱体化、安倍内閣で復権、岸田内閣で解散 !?

2020年頃の自民党の主な派閥

通称	名称	会長	主な所属議員	系譜
細田派	清和政策研究会	細田博之	安倍晋三、橋本聖子、下村博文他	岸信介の系譜。第1派閥
麻生派	志公会	麻生太郎	河野太郎、山東昭子他	松村謙三の系譜。第2派閥
竹下派	平成研究会	竹下亘	額賀福志郎、小渕優子他	佐藤栄作の系譜。第3派閥
二階派	志帥会	二階俊博（現在は茂木敏光）	中曽根弘文、片山さつき等	河野一郎の系譜
岸田派	宏池会	岸田文雄	岸田文雄、宮沢洋一他	池田勇人の系譜。最古参派閥
石破派	水月会	石破茂	後藤田正純、鴨下一郎他	無派閥議員が集まり結成
石原派	近未来政治研究会	石原伸晃	野田毅他	山崎拓の系譜

※2024年7月現在、志公会・平成研究会以外は解散の意向を表明している

🏛 「大選挙区制」の頃は派閥のボスに力があった

かつて、自民党に関わるニュースでは、「田中派（木曜クラブ）」「池田派（宏池会）」「竹下派（経世会）」といった「派閥」についてよく耳にしました。

詳しくはPART5で説明しますが、1994年に公職選挙法が改正されるまで、衆議院の選挙制度は「大（中）選挙区制」でした。

大選挙区制では、1つの選挙区から複数人が当選するため、必然的に自民党の候補者同士が争うことになります。その中で、自民党の議員たちが、選挙の際の応援演説や費用の援助が可能な有力者の下にそれぞれ集まった結果、派閥の存在感が大きくなっていきました。

これが、1994年の公職選挙法改正によって、1つの選挙区から1人しか当選できない「小選挙区」が導入されたため、その「1人」を決める党本部、とくに幹事長の権限が強くなりました。

さらに1999年、**政治資金規正法が改正され、企業・団体の献金先が党に一本化**された結果、派閥のボスが個人で資金を集めるのも難しくなったようです。

🏛 政局に合わせて姿を変えていく

そのような流れの中で、小泉純一郎総理が派閥の意向を無視した大臣選びをしたこともあり、派閥の存在感が薄れたように見える時期もありました。

その後、安倍政権の長期化に伴って派閥の存在感は再び大きくなりましたが、2024年に入ると状況は大きく変わります。

政治資金パーティーをめぐる問題で東京地検特捜部が動いたのを受けて、岸田文雄総理が岸田派（宏池会）の解散を表明し、これに、麻生派・茂木派を除く5派閥が続いたのです。

ただ、派閥の機能そのものが消失するとは考えにくく、今後の動向が注目されるところです。

中学入試レベルの問題にチャレンジ！③

問1．国会について定められた次の憲法の条文の（　）にあてはまる語句を答えなさい。

　　　第41条　国会は、国権の（ A ）機関であり、国の唯一の（ B ）機関である。

　　　　　　　　　　　　　　　　　　　A：　　　　　　　B：

問2．次の（　）にあてはまる言葉を、それぞれ下の選択肢から選び、記号で答えなさい。

・衆議院と参議院の本会議は、総議員の（ A ）が出席していないと開催されません。
・法律案や予算案は、衆議院と参議院の本会議で、それぞれ出席議員の（ B ）の賛成を得ることで可決されます。
・衆議院で可決された法律案が参議院で否決された場合、衆議院は出席議員の（ C ）の賛成で再可決することができます。
・どちらかの議院の総議員の（ D ）以上の要求があった場合、内閣は臨時国会を開かねばなりません。

　　ア：4分の1以上　　イ：3分の1以上　　ウ：過半数　　エ：3分の2以上

　　A：　　　　　B：　　　　　C：　　　　　D：

問3．次の文の（　）にあてはまる言葉を、下の選択肢から選び、記号で答えなさい。

　　「衆議院の優越」が認められているのは、衆議院は参議院に比べ、（　）ため、より国民の意見を反映させやすいと考えられているからである。

　　ア：任期が長く、解散がある　　イ：任期が長く、解散がない
　　ウ：任期が短く、解散がない　　エ：任期が短く、解散がある

　　　　　　　　　　　　　　　　　　　　　　　　　　答え：

問4. 次の国会の仕事のうち、衆議院の優越が**認められていない**ものをすべて選び、記号で答えなさい。

ア：法律の制定　　イ：条約の承認　　ウ：憲法改正の発議
エ：国政調査権　　オ：予算の議決　　カ：内閣総理大臣の指名

答え：_____

問5. 衆議院の解散について説明した次の選択肢のうち、正しいものを選びなさい。

ア：解散の日から30日以内に総選挙が実施され、
　　総選挙の日から40日以内に臨時国会が開かれる。
イ：解散の日から40日以内に総選挙が行われ、
　　総選挙の日から30日以内に臨時国会が開かれる。
ウ：解散の日から30日以内に総選挙が実施され、
　　総選挙の日から40日以内に特別国会が開かれる
エ：解散の日から40日以内に総選挙が実施され、
　　総選挙の日から30日以内に特別国会が行われる

答え：_____

問6. 次のうち、一般的に国会の開会式が行われるのは、どちらでしょうか。

答え：_____

解答・解説

問1．A：最高　　　B：立法

問2．A：イ　　　B：ウ　　　C：エ　　　D：ア

問3．エ

問4．ウ、エ
　　国会の主な仕事のうち、衆議院が優越しないのは「憲法改正の発議」「弾劾裁判所の設置」「国政調査権」の3つです。

問5．エ

問6．イ
　　国会議事堂を正面から見たとき、右にあるのが参議院、左にあるのが衆議院です。現在の国会議事堂が完成したのは1936年（昭和11年）で、当時の帝国議会は衆議院と貴族院の二院で構成されていました。当時、天皇のお席が用意されていた貴族院の議場を、戦後、参議院の本会議場としたため、天皇陛下を迎えて開催される国会の開会式は参議院で開催される慣例となっています。
　　（参考：参議院ホームページ）

PART 4

内閣のキホン

行政を担当するのが内閣ですが、
そもそも行政とは何でしょうか。
内閣総理大臣に与えられた権限や、
実際に行政を動かしている官僚たちについても、
少し詳しくなっておきましょう。

行政と内閣

内閣が引き受ける「行政」の範囲は広大

> 国家機能から「立法」と「司法」を抜いた全部と言っていい

「行政」とは?

内閣

国家権力

それ以外

立法権　司法権

国会

裁判所

🏛 「行政」とは

小学生に対して「行政」の意味を説明するときは、「国会が作った法律に基づいて政治を行うことです」と説明することが多いですが、実際はもう少し複雑です。

たとえば、法律を改正して「消費税率を上げる」と決めたとしても、それを日本の隅々において実現させるには、具体的に、どれだけのことを決めて、どれだけのことを実行していかなければならないでしょうか。

想像するだけでクラクラしてきそうですが、そのすべてが「行政」という言葉でくくられているわけです。

🏛 行政＝国家作用－（立法＋司法）

「立法（法律を作ること）」や「司法（裁判を行うこと）」に比べると、**「行政」の内容はあまりにも多岐にわたる**ため、むしろ、あらゆる国家のはたらきから「立法」と「司法」を除いたものを「行政」と呼ぼう、という考え方が有力です。

三権分立が実現するまでの歴史は、すべての国家権力を一手に握っていた絶対君主から、立法権と司法権を引きはがしてきた歴史だと見ることもできるため、この定義はあながち無理やりな定義でもないようです。

日本国憲法は、行政は「内閣」が担当すると定めています。そして、行政を司る内閣の長が「内閣総理大臣」です。

内閣のメンバー

総理大臣と十数人の国務大臣の集まりが内閣

> 総理大臣は国務大臣を選ぶ権利とクビにする権利を持っている！

内閣の構成

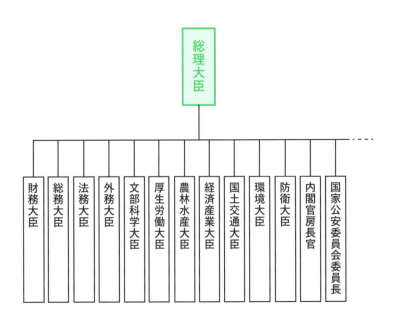

🏛 多くの大臣は各省庁のトップ

では、行政を担当する「内閣」とは、いったいどんな組織なのでしょうか。

内閣とは、内閣総理大臣（以下、総理大臣）と国務大臣の集まりです。国務大臣とは、財務大臣や外務大臣といった、総理大臣以外の大臣をまとめて呼ぶ言葉です（総理大臣を含めて使用することもある）。

財務大臣は財務省の、外務大臣は外務省の責任者であるように、**多くの国務大臣は省庁のトップを務めています。**

また、総理大臣を補佐する「内閣官房」の長である内閣官房長官、「沖縄及び北方対策担当大臣」や「金融担当大臣」のような、内閣府に所属する特命担当大臣も国務大臣に数えられます。

🏛 国会議員でない人も大臣になれる

国務大臣の数は内閣法で14～17名と定められていますが、2024年7月現在、（東日本大震災）復興大臣など2名を追加し、19名が国務大臣に任命されています。

誰を何大臣に据えるかを決める権限（「**国務大臣の任命権**」）は、総理大臣が持っています。国務大臣は、全員が「文民」（軍人ではない人）でなければならず、かつ、その過半数が「国会議員」でなければなりません。

ちなみに、総理大臣は国務大臣を辞めさせる権限も持っています。これを「**国務大臣の罷免権**」と呼びます。

閣議

内閣の会議、「閣議」で意思統一

▷ 定例閣議は毎週火・金、「非公開」「全会一致」で進められる

閣議の内容の例

一般案件
・国の政治に関する基本的な事項

国会提出案件
・法律案や予算案
・議員の質問に対する答弁書
・各省庁の報告書 etc.

法律・条約の公布
・公布に向けた助言と承認

政令
・政令の決定

人事
・最高裁判所長官以外の裁判官の任命
・大臣の海外出張について etc.

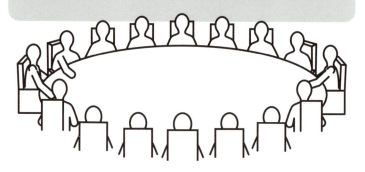

🏛 「サイン会」と呼ばれることもある!?

総理大臣と国務大臣による会議を**「閣議」**と呼びます。定例の閣議は、毎週火曜日と金曜日の午前中に開かれており、法案を提出するかどうかといった内閣の意思は、この場で最終的に決められます。

とはいえ、閣議は、大臣たちが毛筆で「花押」と呼ばれる署名をしている時間が長く、活発な議論の場にはなっていないのではないか、という批判がなされることもあります。

🏛 総理に反対する大臣はクビになる!?

閣議の大きな特徴は、非公開であること、そして「全会一致制」であることです。

一定の数の人が賛成すれば決まる「多数決制」とは異なり、参加者全員が賛成しないと決まらないのが「全会一致制」の会議です。

日本国憲法は、「内閣は、行政権の行使について、国会に対して連帯して責任を負う」と規定しています。**「連帯して」とは「全員で」という意味**ですから、閣議も「全会一致制」で運営されるべきだと考えられます。

会議の参加者が対等である限り、ひとつの議題に関して全員が賛成するという状況は考えにくいものです。

しかし、総理大臣には「国務大臣の罷免権」があるので、総理が進めたい政策に反対する国務大臣がいる場合、総理大臣はその大臣をクビにすることができます。

そのため、閣議は全会一致制で進めることが可能となっています。

内閣総理大臣①

総理大臣は毎日何をして、どこにいるのか？

> 閣議や国会、外交、会談、地方視察…分刻みのスケジュール

総理大臣の仕事

🏛 首相官邸が毎日動向を発表

総理大臣の動向は、各新聞の「首相動静」「首相の一日」といった欄や、首相官邸のホームページで常に確認することができます。ちなみに**「首相」とは総理大臣の通称**です。

総理大臣は、内閣のリーダーとして国務大臣を任命し、毎週、火曜と金曜の午前中には閣議を開催します。

総理大臣や国務大臣は、国会に出席を求められた際は応じなければなりません。国会会期中は、原則として、火・木・金の午後に衆議院本会議が、月・水・金の午前中に参議院本会議が開かれています。

もちろん、**本会議だけでなく委員会への出席が求められることも**ありますし、通常国会の冒頭では「施政方針演説」、臨時国会の冒頭では「所信表明演説」をすることにもなっています。

🏛 自衛隊の最高指揮監督権もある

サミットや国連総会への参加、外国の要人との会談といった外交、有事の際に日本を守るのも非常に重要な役割です。日本において、**自衛隊の最高指揮監督権を有するのは総理大臣**です。

このほかにも、日々、様々な人物とコミュニケーションをとり、日本の政治について思索を巡らせながら、自身が所属する党をまとめ、皇室の儀式に参列し、各界の著名人の訪問を受け、他党の代表と党首会談を行い、事故・災害現場を視察し……と、非常に多忙な日々を送っているのが、日本の総理大臣です。

内閣総理大臣②

国会に選ばれる総理、国民に選ばれる大統領

> 選ばれ方が異なれば
> 与えられる権限も異なる

日本の内閣総理大臣とアメリカ大統領の違い

	日本の内閣総理大臣	アメリカの大統領
選び方	国会議員の中から国会が指名する	国民によって選ばれる（議員との兼職は禁止）
行政権の帰属	行政権は内閣に属する（総理は内閣の長）	行政権は大統領個人に属する
国家の代表	国家の代表でもあるが別に天皇も存在する	国家元首として国家を代表する
不信任	議会に不信任されることがある	議会に不信任されることはない
解散権	衆議院の解散権を持つ	議会を解散することはできない
法案提出権	内閣として国会に法案を提出できる	法案の提出権はない（「教書」で意見を伝える）
拒否権	国会に対する拒否権はない	議会に対する拒否権を持つ（議会は上院と下院の3分の2以上の賛成で再可決できる）

🏛 アメリカ大統領の選び方

日本の内閣総理大臣とアメリカの大統領は、どちらも「行政府」の長ですが、その選び方には大きな違いがあります。

日本の内閣総理大臣が国会によって指名されるのに対し、アメリカの大統領は、**国民によって州ごとに選ばれた「選挙人」が、それぞれ支持する大統領候補に投票する形で選出**されます。

間に選挙人を挟むとはいえ、選挙人は、国民に選ばれる前に自分がどの候補に投票するかを明言しているため、アメリカの大統領は実質、国民によって選ばれていると言えます。

🏛 「大統領令」の拘束力は法律レベル

日本の行政権はあくまで内閣に属するのに対し、アメリカの行政権は大統領個人に属します。

アメリカ大統領は、立法府である連邦議会の議決に対して「拒否権」を行使することができますが、これは日本の総理には認められていない権利です。

また、**日本の内閣が作る「政令」が、あくまで法律を補助するものでしかないのに対し、アメリカ大統領が出す「大統領令」は、法律に近いレベルの力を持っています。**

しかし、**アメリカ大統領は、日本の内閣のように、法案を直接議会に提出することはできません。**

このように、国民に選ばれ、議員との兼職も禁止されているアメリカ大統領と、国会議員の中から国会によって指名される日本の総理では、与えられた権限も大きく異なっています。

内閣総理大臣③

総理大臣に与えられた2つの大きな権利

「国務大臣を選ぶ／辞めさせる権利」と「衆議院を解散する権利」

総理大臣の権利

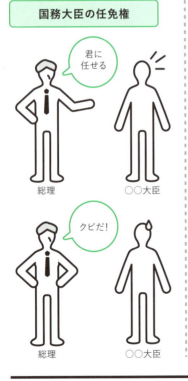

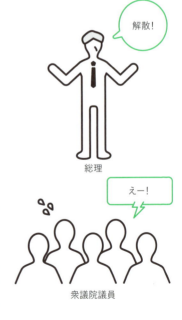

総理は国務大臣を自由に選べる!?

アメリカ大統領とは異なりますが、日本の内閣総理大臣にも非常に大きな２つの権利が与えられています。

１つ目が「国務大臣の任免権」です。総理は国務大臣を、「全員が文民」「過半数が国会議員」という条件の中で自由に選ぶことができます。また、総理は国務大臣を自由に辞めさせる力も持っています。

この、選ぶ権利「任命権」と、辞めさせる権利「罷免権」を合わせて、「**国務大臣の任免権**」と呼んでいます。

とはいえ、多くの場合、日本の総理は自民党の総裁を兼ねています。

総裁の地位を守るためには、ときに、大臣の人事で派閥間のバランスをとったり、大臣になりたがっているベテラン議員の期待にこたえたりする必要も出てきます。

そのため、任免権があるからといって、本当の意味で好きなように大臣を選べるわけでもないようです。

総理が「解散」と言えば解散!?

総理に与えられたもう１つの大きな権利は、「**衆議院の解散権**」です。

憲法上、「衆議院の解散権」を持つとされているのは「内閣」ですが、実際のところ内閣総理大臣は、ほぼ自分だけでこの「衆議院の解散」を決めることができます。

衆議院を解散すれば、衆議院議員は全員失職します。総理大臣も原則として衆議院議員ですから、自分自身も失職します。

総理も含め、引き続き国会議員を務めたい人は、そのあと40日以内に行われる総選挙の準備に全力で取り組まなければなりません。

内閣総理大臣④

「衆議院の解散」は
その後の総選挙とセット

 内閣総理大臣はいついかなるときも
衆議院を解散できる⁉

過去の印象的な解散

バカヤロー解散	第四次吉田茂内閣・1953年3月14日
	吉田首相が国会での質疑応答中に「バカヤロー」と発言したことをきっかけとして解散
天の声解散	第一次鳩山一郎内閣・1955年1月24日
	解散の日に理由を問われた鳩山首相が「天の声を聞いたからです」と返答
田中判決解散	第一次中曽根康弘内閣・1983年11月28日
	田中角栄元首相がロッキード事件で実刑判決を受けたことで、国会が大荒れとなり解散
死んだふり解散	第二次中曽根康弘内閣・1986年6月2日
	中曽根首相が「解散はできない」と思わせる発言を重ねたうえで解散
神の国解散	第一次森喜朗内閣・2000年6月2日
	森首相の「神の国発言」などが野党やマスコミの集中攻撃を受け解散
郵政解散	第三次小泉純一郎内閣・2005年8月8日
	小泉首相肝入りの郵政民営化関連法案が否決されたことを受けて解散

🏛 「69条解散」と「7条解散」

前ページで扱った「衆議院の解散権」について、もう少し細かく見てみましょう。

衆議院が内閣不信任決議を可決した場合（もしくは信任決議案を否決した場合）、内閣は10日以内に衆議院を解散することができる、ということは憲法69条に明記されています。

ただ、これ以外のタイミングでも解散できるのかどうか、という点に関しては、いくつかの学説があります。

現在では、内閣の助言と承認に基く天皇の国事行為に「衆議院の解散」を含めている憲法7条を根拠に、内閣に自由に解散権を認める考え方が一般的です。

🏛 「大義なき解散」で批判を浴びることも

総理大臣としては、自分の政党が選挙で最大限勝てるタイミングで解散することができれば理想的です。

だからこそ、「衆議院が内閣の重要案件を否決した」とか、「前回の総選挙の争点でなかった政治的な課題に対処しようとしている」といった理由がない解散は、与党に批判的な人々から「大義なき解散」という批判を浴びることもあります。

ただ、いついかなるときも、**解散・総選挙は、国民が政治に対する意思を表明する貴重な機会**であるのもたしかです。

ちなみに、地方公共団体の首長（都道府県知事や市町村長など）は、原則として地方議会が自分に対する不信任決議を可決させたときしか、議会を解散させることはできません。

内閣総理大臣⑤

内閣総理大臣の任期に関する規定は存在しない

> 自民党総裁の任期には制限あり。
> 「1期3年、連続3期まで」

<u>総理大臣の任期</u>

総理大臣の任期＝憲法に規定なし

⬇ だが…

自民党総裁は任期あり！

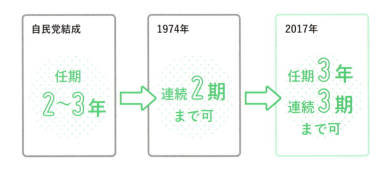

総理になるための隠れた条件

P106で扱ったように、1955年以降、自民党が与党を構成することが多い日本の国会では、自民党の代表（総裁）が総理大臣に指名されるケースが非常に多いです。

憲法は総理大臣の任期に「連続〇回まで」という制限は設けていませんが、自民党の総裁の任期には制限があります。

自民党結党以来、自民党の総裁の任期は2年か3年の間で度々変更されてきました。これに、1974年以降「連続2期まで」という制限が設定され、**中曽根康弘氏や小泉純一郎氏は、この制限をきっかけに総理を辞めています。**

現在は連続（3年）3期まで

2017年、この制限が「連続3期まで」と変更され、当時すでに連続2期務めていた安倍晋三氏が、2018年の総裁選に出馬し、3選を果たしました。

現在、総裁の1回あたりの任期は3年です。結局、安倍氏は体調不良を理由に辞意を表明する2020年9月まで総理・総裁を務めました。

安倍氏の総理としての通算在職日数3188日は、日本憲政史上最長の記録です。

桂太郎の2886日、佐藤栄作の2798日、伊藤博文の2720日、吉田茂の2616日が後に続きます。

官僚①

行政を実際に担うのは各省庁の官僚たち

> 内閣が提出する法案の多くは官僚たちが作成している

国家公務員採用後のキャリアパスのイメージ

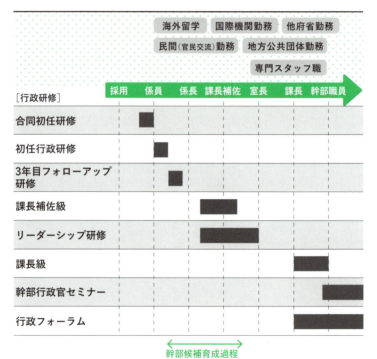

出典：人事院

🏛 大臣が実務を行うのは不可能

「行政」という非常に複雑で人手がかかる仕事を、内閣の構成員である国務大臣が実際に行うのは物理的に不可能です。

「法律の執行」や「条約の締結」「予算の作成」といった内閣の仕事を実際に進めているのは、「財務省」や「外務省」といった省庁で働く国家公務員たちです。

国家公務員になるための試験は、2011年度までは「Ⅰ種」「Ⅱ種」「Ⅲ種」に分けられていましたが、現在では「総合職試験」「一般職試験」「専門職試験」「経験者採用試験」に分けられています。

🏛 日本が抱える問題に日々向き合う

その中でもとくに、**「総合職試験」に合格し、中央省庁の本省に「事務官」として採用されたエリートたちは「(キャリア) 官僚」**と呼ばれ、日々、「経済成長」「外交」「少子高齢化対策」や「地方創生」といった、日本が抱える様々な課題と向き合っています。

内閣が国会に提出する法律案の多くも、官僚たちによって作られています。

戦前の日本では、帝国大学、とくに東京帝国大学法科を卒業した学生たちが、外務省や大蔵省、内務省などで「官吏」として働き、日本の近代化を進めていました。

戦前の官吏は、天皇に仕える「天皇の官吏」でしたが、戦後、主権が国民に移るに伴い、日本国憲法には**「公務員はすべて国民全体の奉仕者」**であると明記されました。

官僚②

「天下り」＝官僚などへ再就職すること

> 苛烈な出世競争の中で生み出された官僚たちの再就職システム

官僚の出世コース

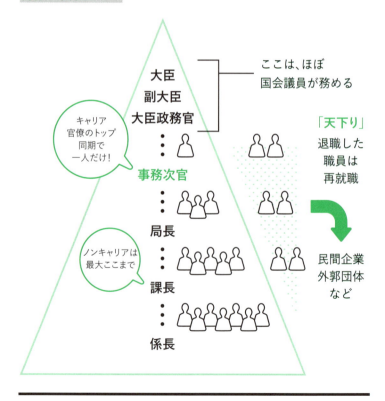

官僚のトップ「事務次官」

　省庁の役職は、主に左の図のようになっています。
「キャリア」であれば「課長補佐」か「課長」までは出世できますが、「ノンキャリア」であれば、そこまでいくのもかなり大変なことのようです。

　上に目を向けると、「大臣」「副大臣」「大臣政務官」の3つの役職は国会議員が務めることが多く、その下の「事務次官」が、一般的に公務員試験で採用された公務員の最終役職・最高位となります。
　事務次官になれるのは、同期入省組のうち1人だけであり、それまでに、その人と同期（以上）官僚は省庁を去らねばなりません。

官民の再就職「天下り」

　省庁を去った官僚経験者たちは、多くの場合、民間企業や外郭団体に再就職します。これを一般的に**「天下り」**と呼びます。

　ちなみに、外郭団体とは、官公庁から出資・補助金を受けながら補完的な業務を行う団体を指します。
　有名なものに、「日本郵政株式会社（郵便局）」や「日本放送協会（NHK）」、「日本年金機構」「東日本高速道路株式会社」などがあります。

　官僚にとって、再就職先の確保は死活問題であるのもたしかですが、天下りは官民の癒着を助長する制度として批判の対象となることもあります。
　退職した官僚が高額の退職金を受け取りながら、短期間で天下りをくり返す、「渡り」と呼ばれるケースも存在するようです。

中央省庁

現在の「1府14省庁」の内訳

 かつての22省庁が
2001年の再編を経てスリム化

省庁の構成

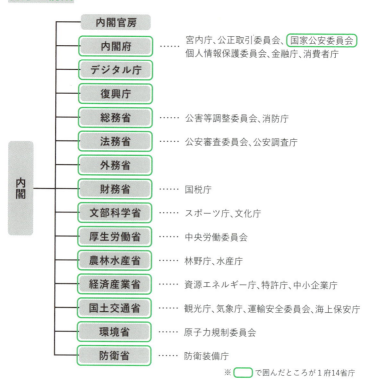

内閣
- 内閣官房
- 内閣府 …… 宮内庁、公正取引委員会、国家公安委員会、個人情報保護委員会、金融庁、消費者庁
- デジタル庁
- 復興庁
- 総務省 …… 公害等調整委員会、消防庁
- 法務省 …… 公安審査委員会、公安調査庁
- 外務省
- 財務省 …… 国税庁
- 文部科学省 …… スポーツ庁、文化庁
- 厚生労働省 …… 中央労働委員会
- 農林水産省 …… 林野庁、水産庁
- 経済産業省 …… 資源エネルギー庁、特許庁、中小企業庁
- 国土交通省 …… 観光庁、気象庁、運輸安全委員会、海上保安庁
- 環境省 …… 原子力規制委員会
- 防衛省 …… 防衛装備庁

※ □ で囲んだところが1府14省庁

🏛 省庁再編の結果…

かつて、日本には現在より倍近くの数の省庁がありました。

2001年森喜朗内閣のとき、「縦割り行政による弊害をなくし、内閣機能の強化、事務および事業の減量、効率化すること」などを目的として、それまでの「1府22省庁」が下記の「1府12省庁」に再編されました。

1府：内閣府
12省庁：総務省、法務省、外務省、財務省、文部科学省、
厚生労働省、農林水産省、経済産業省、国土交通省、環境省、
国家公安委員会、防衛庁（省）

まず、大蔵省が財務省に名前を変えました。厚生省と労働省が合併して「厚生労働省」になり、総務庁と郵政省と自治省が合併して「総務省」になりました。

2007年に防衛庁は「防衛省」に昇格しました。2012年には東日本大震災の復興を目的とした「復興庁」が誕生。2021年には「デジタル庁」が新設され、「1府14省庁」となって現在に至ります。

🏛 国務大臣の過半数は国会議員

これらの省庁で実際に働くのは、厳しい試験を突破した国家公務員たちです。国の政治を前に進めていくには、頭の良い優秀な人材が絶対に必要です。

しかし、「頭の良い人」よりも「国民に選ばれた人」の方がえらい、というのが民主主義の国です。

そういった点も踏まえて、憲法は、その多くが省庁のトップを務める国務大臣について、その「過半数が国会議員でなければならない」と定めています。

中央省庁

【1府14省庁の詳細】

内閣官房　総理を直接補佐、支援する

1府14省庁には含まれないが、内閣の補助機関として、内閣総理大臣を直接補佐・支援する組織。「総理の女房役」とも呼ばれる内閣官房長官を中心に、閣議の運営や内閣の重要政策の企画・立案、関係各省の調整、情報収集などを行う。

内閣府　内閣の重要政策の企画立案、総合調整

内閣官房を補佐するために置かれた官庁。「公正取引委員会」や「国家公安委員会（警察庁）」、「金融庁」や「消費者庁」などを外局に持つ。2023年に新たに発足した「こども家庭庁」も内閣府の外局である。

他の省庁よりも一段階高い位置の官庁として、内閣の重要政策や、内閣が変わったとしても継続的に取り組んでいかねばならない業務に広く対応する。

総理によって任命される「特命担当大臣」が置かれる。とくに、「沖縄及び北方対策担当大臣」「金融担当大臣」「消費者及び食品安全担当大臣」は、内閣府設置法により、常に置くものとされている。

国家公安委員会　警察庁の管理

内閣府の外局である警察庁を管理する機関。内閣が治安に対して責任を持つことを示すため、委員長は国務大臣となる。原則として、犯罪の捜査や交通の取り締まりなどは都道府県警察が担当。警察庁は、主に国全体の安全に関わる案件や警察官の教育などを管轄する。

デジタル庁　国や地方行政のIT化、DXの推進を管轄

省庁の垣根を越えて、国や地方行政のIT化・DX（デジタルトランスフォーメーション）を進めるため、2021年に新設された。

復興庁　東日本大震災からの復興に関わる業務を管轄

省庁の垣根を越え、東日本大震災からの復興に関わる業務を進めるため、2012年に新設された官庁。内閣に置かれた機関として、内閣官房とともに、各省より一段高い立場から総合調整を行う権限を持つ。

総務省　国民の生活を支えるシステム全般を管轄

地方自治、選挙、消防防災、情報通信・放送、郵政など、国民の経済・社会活動を支える基本的なシステム全般を管轄する。

法務省　法律に関わる業務を管轄

多種多様な法律の維持や整備、出入国管理、刑務所や少年院の運営、戸籍や登記の管理といった民事行政など、法律に関わる業務のうち、裁判所が担当する部分以外の業務を広く管轄する。「検察庁」は同省の特別機関と位置づけられる。テロ行為を行う危険性のある団体の調査や規制を行う「公安審査委員会」「公安調査庁」は同省の外局。

外務省　外交に関わる業務を管轄

外交に関する業務を管轄する。約6000人いる職員のうち、半数以上が海外の大使館や総領事館などで外交官として働く。明治2年に誕生した、旧大蔵省と並んで古い歴史を持つ官庁。

中央省庁

財務省　財政に関わる業務を管轄

財政に関する業務を管轄。エリートが集まる「最強の官庁」であり、国の予算案の作成を担当する「主計局」と、税制度の企画・立案を担当する「主税局」はとくに大きな力を持つ。「国税庁」も財務省の外局。

文部科学省　教育や文化、スポーツ等に関わる業務を管轄

教育、科学技術、学術、文化、および健常者スポーツの振興などを管轄。学習指導要領の改訂などにより、日本の教育の在り方を決める重責を担う。外局に「文化庁」と「スポーツ庁」がある。

厚生労働省　医療や労働、社会保障などに関わる業務を管轄

医療や子育て、雇用・労働、社会保障などに関する業務全般を担当。ハローワークや労働基準監督署、保健所も管轄。少子高齢化や、それに伴う年金・医療保険などの各種社会保険の運用の難化、労働環境の改善など、国民の生活に直結する多くの課題の解決が期待される。

農林水産省　第一次産業や食に関わる業務を管轄

農業、林業、水産業などの第一次産業全般を管轄。外局に「林野庁」と「水産庁」がある。農林水産業の発展のみならず、森林の保護・管理や、安定した食料の供給、食の安全の確保など、多くの課題と向き合っている。

経済産業省　産業や資源、貿易等に関わる業務を管轄

経済・産業の発展、資源・エネルギーの供給に関わる業務を担当。

外務省と共に、EPAの交渉といった貿易に関わる業務にも、深く関わる。外局に「資源エネルギー庁」「特許庁」「中小企業庁」がある。

国土交通省　国土や交通、社会インフラに関わる業務を管轄

国土や都市、道路、建築物、河川、港湾、交通、観光、気象、災害、周辺海域の治安・安全確保など、国土・交通・社会インフラの整備に関する業務全般を管轄。外局には「観光庁」「気象庁」「運輸安全委員会」、そして尖閣諸島の警備などを担当する「海上保安庁」がある。地図を作っている「国土地理院」も同省の特別機関。

環境省　環境保全や公害の防止等に関わる業務を管轄

地球環境の保全や公害の防止、自然環境の保護、整備などに関する業務を担当。国立公園の管理や絶滅危惧種の保護なども管轄。外局には、原子力の研究・開発・安全の確保を進める「原子力規制委員会」がある。

防衛省　自衛隊を運営

日本の平和と独立を守り、国の安全を保つために、陸上自衛隊・海上自衛隊・航空自衛隊を管理、運営。災害時の対応や、日米安全保障条約に基づく米軍との関係維持も重要な任務。

同省の最高責任者は防衛大臣だが、自衛隊の最高指揮監督権を持つのは総理。軍をコントロールするのは、選挙で民主的に選ばれた政治家であるべき、という考えに基づく文民統制（シビリアンコントロール）を徹底するため、総理はもちろん、防衛大臣を含む国務大臣は、全員文民でなければならない。

天皇①

天皇の仕事
=「国事行為」

> 「国事行為」に「助言と承認」を
> 与えるのも内閣の重要な仕事

代表的な国事行為

総理大臣、
最高裁判所長官の任命

法律などの公布

栄典の授与

国会の召集、衆議院の解散

外国の大使の接受

儀式

🏛 国会の召集や栄典の授与など

天皇の仕事である「国事行為」に「助言と承認」を与えるのも、内閣の重要な役割です。国事行為は憲法に具体的に列挙されています。

代表的なものに、

- 内閣総理大臣、最高裁判所長官の任命
- 憲法改正、法律、政令及び条約の公布
- 国会の召集
- 衆議院の解散
- 栄典の授与
- 外国の大使および公使の接受
- 儀式を行うこと

などが挙げられます。最後の「儀式」には、「新年祝賀の儀」や「即位の礼」「大喪の礼」などが含まれます。

🏛 国事行為は激務!?

もちろん、実際に総理を選ぶのは国会であり、最高裁判所長官を選ぶのは内閣です。国会の召集も衆議院の解散も、決めるのは内閣であって、天皇の国事行為はあくまで形式的、儀礼的なものです。

とはいえ、これらの国事行為は量が多く、かつ、**「遅れること」は「政治への介入」とみなされるため、許されません。**ビジネスマンにとって「納期は絶対」かもしれませんが、天皇も「体調などを理由に仕事の納期を延ばす」ということは認められていないのです。

このような国事行為は、高齢の天皇にとって大きな負担となることもあり、天皇の退位についての議論が進みました。

天皇②

天皇の退位が約200年ぶりに実現

 2017年に特例法成立、限定的に退位を可能に

天皇の退位等に関する皇室典範特例法

(成立:平成29年6月9日、公布:平成29年6月16日)の概要

この法律は、
① 天皇陛下が、昭和64年1月7日の御即位以来28年を超える長期にわたり、国事行為のほか、全国各地への御訪問、被災地のお見舞いをはじめとする象徴としての公的御活動に精励してこられた中、83歳と御高齢になられ、今後これらの御活動を天皇として自ら続けられることが困難となることを深く案じておられること
② これに対し、国民は、御高齢に至るまでこれらの御活動に精励されている天皇陛下を深く敬愛し、この天皇陛下のお気持ちを理解し、これに共感していること
③ さらに、皇嗣である皇太子殿下は、57歳となられ、これまで国事行為の臨時代行等の御公務に長期にわたり精勤されておられることという現下の状況に鑑み、皇室典範第4条の特例として、天皇陛下の退位及び皇嗣の即位を実現するとともに、天皇陛下の退位後の地位その他の退位に伴い必要となる事項を定めるものとする(第1条)

首相官邸HPより引用

〈参考〉

皇室典範
第4条 天皇が崩じた時は、皇嗣が、直ちに即位する。

🏛 「おことば」に多くの国民が共感

2016年8月8日、天皇陛下(現・上皇陛下)が「象徴としてのお務めについての天皇陛下のおことば」を発表されました。

明治時代以降、天皇は終身在位、つまり崩御(=亡くなる)まで退位することはできないとされてきました。天皇一代につき、1つの元号が使用されるため、これを**「一世一元制」**と呼ぶこともあります。

陛下の「おことば」は、高齢となった天皇が十分に国事行為を行えない事態や、崩御とともに改元が行われる慌ただしさにさらされる関係者やご家族のお気持ち、さらに、その際、国民の暮らしが停滞すること(しばらくの間、イベントなどが自粛される可能性がある)などを案じられるものでした。

天皇のメッセージを受けてすぐに政治が動くとすれば、それは天皇を象徴とする日本国憲法の精神からすると、正しいことではないのかもしれません。

ただ、この「おことば」は、高齢化の進む日本において、多くの国民の共感を得るものでもあり、2017年6月、陛下の(崩御される前の)退位を可能とする特例法が成立しました。これに基づき、2019年、当時の皇太子殿下が天皇として即位されました。

🏛 皇室典範とは

ちなみに、皇室に関する法律は「皇室典範」と呼ばれていることや、その第1条には「皇位は、皇統に属する男系の男子が、これを継承する」と書かれていることは、知識として知っておいてもいいかもしれません。

また、「明治天皇」や「昭和天皇」という**「元号+天皇」という呼び方は、原則として崩御された天皇に使用**するものです。即位中の天皇は「天皇陛下」もしくは「今上天皇」と呼ぶのが一般的です。

天皇③

「指名」は実際に選ぶこと、「任命」は形式的行為

> 総理と最高裁長官の「任命」ができるのは天皇のみ！

「指名」と「任命」

🏛 「指名」とは

ここまでのところで何回か、「指名」と「任命」という言葉が出てきましたので、最後に簡単に整理しておきます。

「指名」とは、実際に誰を選ぶか決めることを指します。

誰を内閣総理大臣にするかを決める権力を持っているのは、国会です。すなわち、**内閣総理大臣は国会議員の中から国会が「指名」**します。

また、誰を最高裁判所の長官にするかを決める権力を持っているのは、内閣です。すなわち、**最高裁判所長官は内閣が「指名」**します。

🏛 「任命」とは

これに対し、「任命」とは、「あなたを〜にします」という書類を渡す「儀式」のようなものです。

形式的な行為ですので、実際に選ぶわけではありません。逆に**形式的な行為ですので、「肩書き」が上の人でないとできません**。一般的に、副社長が社長を任命したり、副校長が校長を任命したりすることはありません。

総理大臣や最高裁判所長官は、それぞれ三権の長として「対等」です。すなわち、彼らよりも上の「肩書き」は「天皇」しか存在しません。そのため、**総理大臣の「任命」も、最高裁判所長官の「任命」も天皇の国事行為**になります。

逆に、国務大臣は総理大臣より「下」ですから、総理大臣が任命までできますし、最高裁判所長官以外の裁判官についても、内閣が任命までできる、ということになります。

ただし、国務大臣や高等裁判所長官など、一部の高位の官職については、任命とは別に、天皇による**「認証」**が行われます。

中学入試レベルの問題にチャレンジ！④

（普連土学園中学校　2018年第1回より一部改題）

[1] 次の文を読んで、あとの問いに答えなさい。

> 国会がつくった法律にもとづいて政治をすすめることを行政といいます。国の行政を担うのが内閣です。（中略）
>
> 内閣は、内閣総理大臣（首相）と十数名の国務大臣で構成されています。内閣総理大臣は行政の最高責任者です。（あ）の中から（い）により（う）され、天皇が（え）します。国務大臣は、（お）が（え）し、天皇がそれを認証します。認証とは、正しい手続きを通じて決まったということを認めることをいいます。国務大臣の（か）は国会議員でなければならないという決まりがあります。また、（お）には、国務大臣をやめさせる権限もあります。
>
> 内閣総理大臣も国務大臣も文民でなければなりません。文民とは（き）でない人のことです。第二次世界大戦が終わる前まで、日本では政治に軍部が介入していました。そのことを反省して、憲法で定められた決まりです。
>
> 内閣の方針を決める会議を（く）といいます。内閣総理大臣を中心として、国務大臣で出席します。（く）の決定は〔　　〕で行い、その方針には全員がしたがいます。
>
> 内閣の下にはa <u>1府12省庁</u>の役所がおかれ、様々な行政の仕事をそれぞれ分担しています。その下にもさらに色々な庁や委員会がおかれています。また、それらとは別に、内閣からある程度独立して権限を行使できる行政機関として、いくつかの行政委員会があります。

問1． 文中の（あ）～（く）の空らんに、適切な語句を入れなさい。同じ番号の空らんには同じことばが入ります。また、文中で使われていることばが入る場合もあります。

あ：　　　　い：　　　　う：　　　　え：
お：　　　　か：　　　　き：　　　　く：

問2. 文中の空欄〔　　〕には、会議に出る人全員が賛成することを意味することばが入ります。そのことばを、漢字4字で答えなさい。

答え：_____

問3. 下線部aについて、次のア〜オの文は、それぞれどの役所について述べられた文ですか。下の①〜⑨の中からそれぞれ選び、番号で答えなさい。

ア：予算案を作成する。税金を徴収する。
イ：外国とのつきあい、条約など外交にかかわる仕事を行う。
ウ：教育・学問・芸術などの発展をめざす。
エ：各省との連絡やまとめを行い、多くの省庁をまとめる。
オ：地方自治を進め、選挙の事務を行う。放送・通信の監督を行う。

①外務省　②総務省　③財務省　④内閣府　⑤環境省
⑥文部科学省　⑦経済産業省　⑧国土交通省　⑨農林水産省

ア：_____　イ：_____　ウ：_____　エ：_____　オ：_____

問4. 次の機関は、どの役所に属していますか。問3の①〜⑨の中からそれぞれ選び、番号で答えなさい。

ア：気象庁　イ：消防庁　ウ：林野庁　エ：文化庁　オ：国税庁

ア：_____　イ：_____　ウ：_____　エ：_____　オ：_____

解答・解説

問1． あ：国会議員　　い：国会　　う：指名　　え：任命
　　　　お：内閣総理大臣　　か：過半数　　き：軍人　　く：閣議

「指名」と「任命」の違いは、中学入試でも頻繁に問われるところです。「内閣総理大臣」や「最高裁判所長官」といった役職が、それぞれ誰に指名され、誰に任命されるのかは、本文P147で説明したような理屈を理解しておくことで、より覚えやすくなります。

問2． 全会一致

問3． ア：③　　イ：①　　ウ：⑥　　エ：④　　オ：②

問4． ア：⑧　　イ：②　　ウ：⑨　　エ：⑥　　オ：③
　　　　省庁については、本文P136〜141をご覧ください。

PART 5

選挙のキホン

民主主義の国において、
国民が代表者を選ぶ「選挙」は一大イベントです。
国会議員は具体的にどのような方法で選ばれているのでしょうか。
そして、今の日本の選挙はどのような問題に
直面しているのでしょうか。

選挙とは

選挙は国民の代表を決めるビッグイベント

 衆議院は「総選挙」、
参議院は「通常選挙」

衆議院と参議院

	衆議院	参議院
定員	465人	248人
任期	4年 (解散あり)	6年 (解散なし)
議員の 入れ替え	全員	3年ごとに半数ずつ (7月に選挙)
選挙権	18歳以上	18歳以上
被選挙権	25歳以上	30歳以上
選挙の 呼び名	総選挙	通常選挙
選挙制度	小選挙区 比例代表並立制 (重複立候補可)	選挙区制と 比例代表制 (重複立候補不可)

衆議院議員総選挙

民主主義の国では、「国民に選ばれる」以上の正義の源泉は存在しません。そのため、国民が代表者を選ぶ「選挙」は、非常に重要なイベントです。

投票日の夜、テレビをつけると、どのチャンネルでも「小選挙区」や「比例代表」「ブロック」といった選挙用語が飛び交っています。こういった用語の意味がわかると、選挙速報をより深く理解できるようになります。

国民の意見を広く反映するため、「衆議院」と「参議院」では議員の選び方が異なります。

衆議院の任期は4年ですが、解散があるため、実際には4年以内に1回、選挙が行われています。**任期満了を迎えることはめったにありません。**また、衆議院の選挙は、常に全員を入れ替えるため、一般的に「総選挙」と呼ばれます。

参議院議員通常選挙

参議院の任期は6年です。

選挙は3年に一度、半数を入れ替える形で進められるため、衆議院に比べると変化はゆるやかです。衆議院と違って解散がなく、3年に1度、7月になると必ず選挙がやってくるため、参議院議員選挙は「通常選挙」と呼ばれます。

なお、衆議院議員の職に就くのに必要な資格（＝被選挙権）は、「日本国民で満25歳以上であること」、参議院の被選挙権は「日本国民で満30歳以上であること」です。

選挙の種類

選挙制度は主に「選挙区」「比例代表」の2つ

選挙区選挙は「人」、比例代表選挙は「政党ごとの議席数」を決める

選挙区制と比例代表制の違い

```
                    選挙制度
                   ┌────┴────┐
                 選挙区制    比例代表制
```

選挙区制
代表者を選ぶ
候補者の「氏名」を書いて投票

投票用紙
指名：A山B男

比例代表制
政党ごとの議席数を決める
原則として「政党名」を書いて投票

投票用紙
政党名：A党

🏛 選挙区の「小」と「大（中）」

選挙制度は大きく「選挙区制」と「比例代表制」に分けられます。衆議院の選挙も参議院の選挙も、この2つの制度を組み合わせる形で運用されています。

「選挙区制」は、選挙区ごとに、投票用紙に代表にしたい人の「氏名」を書いて投票し、得票数が多かった人を代表にする選挙制度です。学校で生徒会長を決める際に行われる選挙と、ほぼ変わりません。

1つの選挙区から代表を1人だけ決める選挙を「小選挙区選挙」、1つの選挙区から2人以上の代表を決める選挙を「大（中）選挙区選挙」といいます。
「小」と「大（中）」の違いは、選挙区の広さや人口ではなく、ひとつの選挙区から選ばれる代表者の数によって決まります。
「中」と「大」に明確な違いは存在しません。

🏛 小政党からも代表を出しやすい比例代表制

もう1つの選挙制度は、「比例代表制」です。原則として、投票用紙には「政党名」を書き、「政党ごとの議席数」を決定したうえで、個々の代表を決めていく選挙です。

選挙区制に比べ、小さな政党からも一定の議席を確保しやすい選挙だと言われています。**政党に属していない人は、比例代表選挙に立候補することはできません。**

政党ごとの得票数を、「ドント方式」と呼ばれる計算方式にあてはめ、政党ごとの議席数を決めていきます。そこから具体的に「誰」を代表とするかを決める方法は、衆議院と参議院で大きく異なります。

衆議院の選挙①

衆議院議員の約6割を「小選挙区制」で選ぶ

> 全国を289の選挙区に分け、1区から1人ずつ、合計289人を選ぶ

小選挙区制（衆議院）

ひとつの選挙区からひとりを選ぶ。
465人の議員のうち289人を289の選挙区から選ぶ

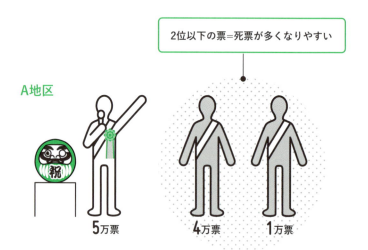

🏛 「死票」が多くなる

衆議院の選挙制度を「**小選挙区比例代表並立制**」と呼びます。

まず、465人の衆議院議員のうち、約6割の289名を「小選挙区制」で選びます。「東京1区」「東京2区」……といったように、全国を**289の選挙区**に分けたうえで、それぞれの選挙区の代表者を選んでいきます。

1つの選挙区から1人の代表を選ぶのが、「小選挙区制」です。どんなにがんばっても1位にならなければ当選できないため、**小選挙区制は大きな政党に有利な選挙制度**だと言われています。

また、2位以下の人に投票した国民の意見は、原則として無視されたことになります。当選しなかった人に投票された票を「死票」と呼びますが、この「死票」が多くなりがちなのも小選挙区の特徴です。

🏛 かつての大（中）選挙区制は1994年に終了

衆議院は、戦後長い間、1つの選挙区から複数の代表者が選ばれる「大（中）選挙区制」を採用していたのですが、この「大（中）選挙区制」では、1つの政党から複数の人が立候補できてしまいます。そうなると、同じ政党の候補者同士の争いになっていきます。

政党ごとに異なるはずの「政策に対する考え方」以外のところで、候補者同士の差がつくのはよくない、といった批判もあり、1994年に公職選挙法の大改正が行われ、現在の選挙制度に変えられました。

ただ、**小選挙区制だけだと、死票が多くなるのはもちろん、小さな政党が代表を国会に送り込むのが難しくなります**。ということで、「比例代表制」もセットで実施されることとなりました。

衆議院の選挙②

衆議院議員の約4割を「比例代表制」で選ぶ

> 全国を11のブロックに分け、投票用紙には政党名を書いて投票する

<u>比例代表制（衆議院）</u>

有権者は政党に投票し、得票に応じて議席が配分される。全国を11ブロックに分け、176名を選ぶ。

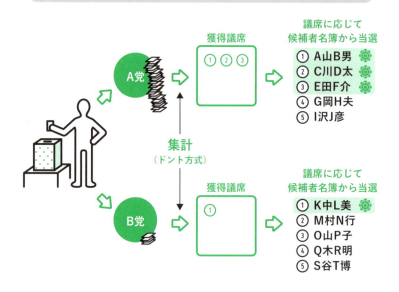

🏛 計算式で政党ごとの議席数を決める

465人の衆議院議員のうち、176名を「比例代表制」で選びます。「北海道ブロック」「東北ブロック」「北関東ブロック」……と、**全国を11のブロックに分けて実施**されます。

有権者は投票用紙に、支持する「政党名」を記入して投票します。その得票数をドント方式という計算方式にあてはめ、政党ごとの議席の配分を決めていきます。

各政党は、事前に選挙管理委員会に「候補者名簿」を提出していて、その名簿には当選させたい候補者順に「順位」がつけられています。配分の結果、○○党から代表を3人出せますよ、ということになったら、その名簿の上位3人が衆議院議員に選ばれます。

このシステムを「**拘束名簿式**」と呼んでいます。

🏛 小選挙区との重複立候補が可能

ただ、実際はもう少し複雑です。

衆議院議員総選挙は、「小選挙区」と「比例代表」の重複立候補が可能です。つまり、小選挙区で立候補しながら、比例代表の名簿に名前を載せておくこともできるのです。

したがって、**小選挙区選挙で落選した候補者が、比例代表で「復活」当選することもあります。**

ちなみに、小選挙区と重複立候補している候補者は、名簿に「同一」の順位で登録することができます。同一順位の候補者同士の争いになった場合、結果は「惜敗率」、つまり小選挙区で1位にどれだけ迫ったかで決められます。

そのため、小選挙区の「死票」が、すべてムダになるというわけでもありません。

参議院の選挙①

参議院議員の約6割を「選挙区制」で選ぶ

> 選挙区は都道府県、ただし鳥取・島根、高知・徳島は「合区」

選挙区制（参議院）

原則、各都道府県の代表を選ぶ。「1票の格差」を解消するため、都道府県ごとの議席数は、人口に応じて調整される。148人を選ぶが、3年ごとに半数改選のため、1回の選挙で選ばれるのは74人。

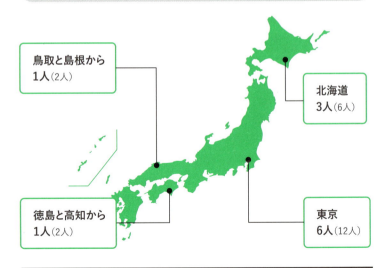

- 鳥取と島根から 1人（2人）
- 北海道 3人（6人）
- 徳島と高知から 1人（2人）
- 東京 6人（12人）

🏛 1回の選挙で74人を選ぶ

参議院の選挙制度も、「選挙区制」と「比例代表制」の2つで構成されています。衆議院のような重複立候補は認められていません。

まずは「選挙区制」から見ていきましょう。

2019年と2022年の選挙を経て、参議院議員の定数は合計6議席増やされました。

現在、248人の参議院議員のうち、148人が選挙区選挙で選ばれています。ただ、参議院は「3年ごとに半数改選」ですから、実際に1回の選挙区選挙で選ばれるのは148÷2＝74人です。

🏛 一票の格差が大きくなりがち

参議院の選挙区制には、「都道府県ごとの代表」を国会に送る、という性格があります。

ただ、都道府県ごとの有権者数には大きな差があるため、各都道府県から代表を1人ずつ出すとなると、有権者が持つ一票の価値に大きな差が出てしまいます。これを「**一票の格差**」といいます。

この一票の格差を是正するため、都道府県ごとに当選者の数が調整されています。多くの県は1人（合計2人）の代表を出しますが、**人口最大の東京都からは6人（合計12人）**が選ばれます。

ただ、そのように調整しても、一票の格差が大きくなりすぎるということで、2016年の参院選から人口の少ない鳥取県と島根県、高知県と徳島県がそれぞれ「合区」とされました。

その結果、現在、参議院の選挙区選挙は45の選挙区で運用されています。

参議院の選挙②

参議院議員の約4割を「比例代表制」で選ぶ

> 選挙区はなし、投票用紙には政党名か候補者名を書いて投票

<u>比例代表制（参議院）</u>

衆議院とは異なり、選挙区や名簿はなし。
全国1区から100人（1回の選挙で50人）を選ぶ。

🏛 1回の選挙で50人を選ぶ

248人の参議院議員のうち、100人を比例代表制で選びます。

ただ、参議院は「3年ごとに半数改選」ですから、実際に1回の比例代表選挙で選ばれるのは、100÷2＝50人です。

参議院の比例代表選挙には「選挙区」がありません。**候補者は全国1区で戦います。**

また、衆議院のような「名簿」もありません。有権者は投票用紙に「○○党」と書くか、あるいは「○○党の〜さん」……といったように、政党に属している候補者名を書いて投票します。
「○○党」と書かれた投票用紙と、「○○党の〜さん」と書かれた投票用紙の数を合計し、○○党の得票数とします。その数をもとに、○○党に配分される議席数が決まります。

そうやって決まった政党ごとの議席数の中で、今度は「○○党の〜さん」と、**氏名まで書かれた票を多く獲得した候補者から順に当選**していくことになります。

\ 豆知識 /

2018年の公職選挙法改正

2018年7月、国会は参議院の定数を6増やす法案を可決させました。

具体的には、議員1人あたりの有権者数がもっとも多い埼玉県選挙区の定数が2議席増え、さらに比例区が4議席増えます。これにより、参議院の定数は2019年と2022年の通常選挙を経て、248となりました。

また、定数増だけでなく、新たに参議院選挙の比例代表選挙に「特定枠」というものが導入されることも決まりました。

これがまたわかりにくいのですが、要するに、非拘束名簿式の参議院の比例代表選挙に、一部、拘束名簿式を導入し、政党が当選させたい人を当選させることを可能とする制度です。

発案した自民党は、この制度について、「国政上有為な人材が当選しやすくするため」などと説明していますが、裏には、2016年の参議院選挙から導入された「合区」で立候補できなくなった候補に対する配慮があるのではないか、という意見もあります。

日本の選挙の問題点①

違憲状態判決が出る「一票の格差」問題

 議員1人あたりの有権者数に最大3倍近い差が発生！

一票の格差とは

| 有権者が少ない選挙区 | A区＝議員1人あたり約25万人 |

1票

1票の価値 （大）

この場合の1票の価値を1とすると

| 有権者が多い選挙区 | B区＝議員1人あたり約125万人 |

0.2票　0.2票
0.2票　0.2票

1票の価値 （小）

この場合、1票の格差が5倍ある！

🏛 法の下の平等に反する

議員1人当たりの有権者数が少ない選挙区ほど、有権者1人ひとりの投じる1票の価値は大きくなり、逆に、有権者数が多い選挙区ほど1票の価値は小さくなります。

たとえば、有権者が25万人いるA選挙区と、有権者が125万人いるB選挙区から、それぞれ代表者を1名ずつ選ぶとすると、B区における1票の価値は、A区の5分の1となります。

この「一票の格差」が一定の基準を超えると、憲法第14条が保証する「法の下の平等」に反するとされます。

衆議院の小選挙区選挙では、一票の格差が2倍を超えると、裁判所が違憲状態判決を出す傾向があります。

違憲状態判決とは、「形式的には合憲としますが、憲法に違反する程度の不平等状態が発生しているので、早く何らかの調整を行いなさい」という、国会や内閣に対する裁判所からのメッセージだととらえていいでしょう。都市部への人口集中と地方の過疎化が進む中、この一票の格差対策は難航を極めています。

🏛 参議院ではとくに深刻

参議院の一票の格差はもっと深刻です。

2007年の参議院選挙では、神奈川県と鳥取県の間に約4.8倍の一票の格差が存在していました。2009年、最高裁はいったん「合憲」としましたが、2010年の参議院選挙で格差が約5倍に拡大したため、2012年3月に違憲状態判決を出しました。

その後も調整が進み、2015年7月には、鳥取と島根、高知と徳島が、合区によってそれぞれ1区とされたのもあって、2019年の参議院選挙の最大の格差は宮城と福井の間の3.00倍となりました。

日本の選挙の問題点②

とくに若い世代で深刻な「低い投票率」

 投票率の高い高齢者が優遇される「シルバー民主主義」

2017年衆院選投票率

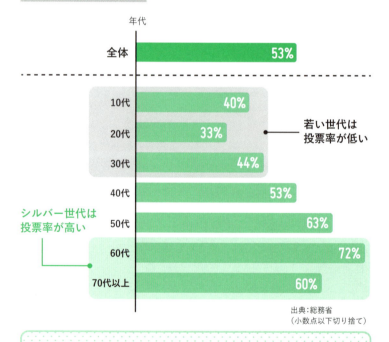

年代	投票率
全体	53%
10代	40%
20代	33%
30代	44%
40代	53%
50代	63%
60代	72%
70代以上	60%

若い世代は投票率が低い

シルバー世代は投票率が高い

出典:総務省
(小数点以下切り捨て)

ますますシルバー世代に手厚い政治に!?

🏛 20代では33.9%、60代は72%

日本の選挙制度が抱える問題点として、「一票の格差」と並んで頻繁に言及されるのが「低い投票率」です。

2016年に行われた参議院選挙の投票率は54.7%、2017年に行われた衆議院選挙の投票率は53.7%でした。アメリカやドイツ、フランスといった他の先進国と比較すると、日本の投票率が特別に低いわけではありませんが、高いとも言えません。

ただ、注目しておきたいのは世代別の投票率です。2017年の衆議院選挙では、もっとも投票率が高い60代の投票率が72%なのに対し、もっとも低い20代の投票率は33%でした（小数点以下切り捨て）。

人口に占める高齢者の割合が増えつつある中、さらに高齢者の方が投票率も高い、ということになると、**必然的にお年寄りに手厚い政策が実行される確率が高くなります**。

これは、「シルバー民主主義」と呼ばれる、少子高齢化が進む先進国が抱えがちな状態です。

🏛 投票率を上げる工夫もなかなか実を結ばず…

投票率を上げるため、「期日前投票」や「在外投票」制度が導入されたり、選挙権年齢が18歳以上にまで引き下げられたりしています。

2016年には、投票日当日に、より足を運びやすい駅や商業施設などで投票できる「共通投票所」の設置が可能になりました。しかし、二重投票を防ぐシステムの構築が大変で、現時点では多くの自治体が設置を見送っています。

投票率を手っ取り早く上げる施策として、素人でも思いつくのはインターネットでの投票ですが、安定したシステムの構築はもとより、立会人のいない場所で、特定の候補者への投票を強制される人が発生する可能性の排除が難しく、なかなか議論が前に進まないのが現状のようです。

政治とカネ

政治家になる第一条件は資金力!?

> 地方の選挙でも数百万円、
> 国政選挙では数千万円かかることも！

政治家になるのに必要な「サンバン」とは？

地盤（支持者）

看板（知名度）

かばん（資金力）

必須の条件

- 参議院議員、都道府県知事
  → 日本国民であって
  満30歳以上であること

- 衆議院議員、市区町村長
  → 日本国民であって
  満25歳以上であること

- 都道府県議会議員、市区町村議会議員
  → 日本国民であって
  満25歳以上であること
  その都道府県議会議員、または
  市区町村議会議員の
  選挙権を持っていること

地盤、看板、かばんの「サンバン」

「政治家になりたい！」と思ったら、どうすればいいのでしょうか。

まずは、政治家になるために必要な資格を確認してみましょう。国籍については「日本国民」であればいいため、外国人であっても帰化して日本国籍を取得すれば、立候補することが可能です。

年齢については、「参議院議員」と「都道府県知事」に関しては「満30歳以上」、それ以外は原則として「満25歳以上」であることが条件となっています。

もちろん、この条件を満たしただけで政治家になれるわけではありません。政治家になるには、選挙に立候補し、多くの有権者に投票してもらう必要があります。

そのために必要になるのが「サンバン」、すなわち、「**地盤（支持者）**」「**看板（知名度）**」、そして「**かばん（資金力）**」です。

法務局に預ける供託金で最大600万円

「選挙にはお金がかかる」とよく言われます。まず、立候補するためには一定額の「供託金」を法務局に預けなければなりません。

一定の条件を満たせば返ってくるとはいえ、数十万円から最大600万円が必要となります（町村議会議員の選挙のみ供託金なし）。

そのほか、選挙運動に携わる人々に支払う人件費、選挙事務所や広告にかかる費用などを足すと、一般的な地方議会議員選挙でも数百万円、国政選挙になると数千万円ものお金が必要になることが多いようです。

選挙運動にかかる費用には上限が定められており、**もっとも高いのが参議院の比例代表選挙の5200万円**です。さすがにこれだけかける人は多くはないようですが、それでも政治家になるためには、かなりの資金力が求められるのはたしかなようです。

マニフェスト

「マニフェスト」＝数値に裏づけられた政権公約

 2000年頃から公約に代わって広まった言葉だが、近年再び…

2017年衆議院議員総選挙 自由民主党 選挙公約（一部）

憲法	・現行憲法の「国民主権」「基本的人権の尊重」「平和主義」の三つの基本原理は堅持しつつ、憲法改正を目指す etc.
外交・安保	・北朝鮮に対して国際社会と結束して圧力を最大限に強化し、核・ミサイル開発の完全な放棄を要求 ・日米同盟を基軸に豪州、インド、ASEAN（東南アジア諸国連合）、欧州と連携 etc.
消費税、社会保障・教育	・19年10月に消費税率を10％に引き上げる。財源の一部を全世代型社会保障への転換に活用 ・20年度までにすべての3〜5歳児の幼稚園、保育園の費用を無償化 etc.
経済・財政	・長時間労働の是正や、同一労働同一賃金の実現など多様なライフスタイルを実現する働き方改革 ・（カジノを中核とした）統合型リゾートをつくる etc.
原発	・徹底した省エネや再生可能エネルギーの最大限導入、火力発電高効率化などで原発依存度を可能な限り低減 ・原子力は安全性確保を大前提に、重要なベースロード電源との位置づけのもと活用 etc.

🏛 マニフェスト？公約？

選挙の際、政党や候補者が「自分を当選させてくれたら、こんな政策を実現しますよ！」と、有権者に対して表明する約束のことを「公約」と言います。

この「公約」という言葉に、「どうせ守られないもの」というイメージがついて回るようになっていたこともあり、2000年前後から「マニフェスト」という言葉が用いられるようになりました。
「マニフェスト」とは、政権を取った場合、予算を編成して実現すると約束した政策のことです。数値目標や財源、期限などにも言及し、事後の検証を可能にした約束、という意味で「公約」と区別して使われるようになりました。

ただ、マニフェストという言葉にも「どうせ守られないもの」というイメージがついてきたためか、近年では、再び公約という言葉を目にすることも多くなりました。

🏛 少しでも納得のいく1票を

とはいえ、こういった流れの中で、多くの政党や候補者がホームページに公約を掲載するようになったのは、有権者としては歓迎すべきことです。過去の選挙の際の公約を、引き続き見られる状態にしてある政党も少なくありません。

守られない公約が多いことを理由に、選挙に行ってもムダだと感じる人も少なくないようですが、投票しない人には政治を批判する資格もありません。

自分で各党の公約を比較するのが大変であれば、**マスコミ各社などが作る各党の公約の比較表に目を通す**という手もあります。有権者には、少しでも納得のいく1票を投じ続けることで、自由や権利を守るための「不断の努力」を重ねていくことが求められています。

中学入試レベルの問題にチャレンジ！⑤

(駒場東邦中学校2017年の問題より抜粋)

卒業式前日の給食について、学年ごとに希望の多いメニューを2つまであげ、その意見を持ち寄り、各学年の代表者が話し合うことになりました。先生は「どうするとみんなの意見が反映できるかを考えてごらん」といっています。以下は、各学年の希望メニューと、代表者の意見をまとめたものです。

各学年の希望メニューと代表者の意見

学年	児童数	第1位（希望児童数）	第2位（希望児童数）
6年	62人	スパゲティミートソース（24人）	鶏のからあげ（16人）
5年	76人	鶏のからあげ（49人）	スパゲティミートソース（12人）
4年	60人	スパゲティミートソース（20人）	カレーライス（19人）
3年	70人	スパゲティナポリタン（26人）	カレーライス（25人）
2年	68人	カレーうどん（26人）	カレーライス（20人）
1年	70人	ハンバーグ（34人）	カレーライス（27人）

Aさん（6年代表）　6学年のうち2学年で1位になった「スパゲティミートソース」にすべきだ。

Bさん（5年代表）　第1位にあげている児童数が最も多い「鶏のからあげ」にすべきだ。学年ごとに児童数も違うのに、児童数が多い5年生の意見と、児童数が少ない6年生や4年生の意見が同等に扱われるのはおかしい。

Cさん（4年代表）　6学年のうち3学年がスパゲティを第1位にあげているので、少なくとも「スパゲティ」のどれかにすべきだ。

Dさん（3年代表）　第1位にあげられた5つのメニューでもう一度決選投票を行ってはどうか。

Eさん（2年代表）　「カレーライス」は残さなくていいのかな……。

Fさん（1年代表）　第1位にあげた人が多い「鶏のからあげ」か「ハンバーグ」のどちらかがいいな。

PART5 選挙のキホン

問1. 麺類が大好きで、麺類になら何になってもよいと思っているCさん（4年代表）は、麺類が選択肢にないFさんの意見には反対です。それに加えて、Dさんの意見（5つのメニューでの決選投票）も麺類に決まらない可能性があるため避けたいと考えています。Cさんはなぜそう考えるのでしょうか。

　　　　　　　　答え：＿＿＿＿＿＿＿＿＿＿＿＿＿＿＿＿＿＿

問2. Eさん（2年代表）は、カレーライスも候補に残すべきだと考えていますが、自信がなくて意見をはっきり伝えられずにいます。Eさんの主張を後押しするためには、どのような根拠をあげるとよいでしょうか。

　　　　　　　　答え：＿＿＿＿＿＿＿＿＿＿＿＿＿＿＿＿＿＿

問3. Bさん（5年代表）の意見のように、国政選挙でも、選挙区ごとの有権者数や議席数の違いから、1票の価値に違いがあることが問題になっています。
次の表は、2016年7月に行われた参議院議員選挙で、議員一人あたりの有権者数が最も少なかった福井県と、議員1人あたりの有権者数の多い上位10道府県における1票の価値の違いをまとめたものです。これに関連する説明として適するものを、下のア～エから1つ選び、記号で答えなさい。

　　　　　　　　　　　　　　　　　　　　　　答え：＿＿＿＿＿＿

表：2016年7月参議院議員選挙における都道府県別「1票の価値」
※福井県の有権者が持つ1票の価値を「1」とした場合（少数第3位を四捨五入）

埼玉県	0.32票	大阪府	0.36票
新潟県	0.34票	長野県	0.37票
宮城県	0.34票	千葉県	0.38票
神奈川県	0.35票	岐阜県	0.39票
東京都	0.35票	栃木県	0.40票

ア．人口100万人以上の大都市を抱える都道府県では1票の価値が低く、過疎の進む地方では1票の価値が高いことがわかる。
イ．「ひとり1票」の実現が平等選挙の原則であるが、住む場所によっては、実質「ひとり3票」分の価値を有している有権者がいることがわかる。
ウ．国民が選んだ代表者が国会で決めた選挙区や議席数の設定について、裁判所が憲法違反を指摘することはできない。
エ．参議院議員は、都道府県民を代表する立場であるため、都道府県の枠組みを無視した選挙区や、複数の都道府県を合わせた選挙区が設定されたことはない。

解答・解説

　近年、大学入試改革の影響もあって、中学入試でも「思考力・判断力・表現力」を問う問題を出題する学校が増えてきましたが、駒東などに代表される難関校は、はるか以前から、このような長文や表・グラフの読み取りを必要とする問題を積極的に出題してきました。民主的に物事を決める際に起きうることに目を向けさせる2017年の問題、いかがでしたか？

問１．解答例
　　決選投票で、全員が、自分が「第１位」として投票したメニューに再度投票すると「鶏のからあげ」が選ばれるから。

問２．解答例
　　希望順位を考えなければ、上位にあがった６つのメニューのうち、最も希望児童数が多いのは「カレーライス」である。

問３．イ
　　ウとエは明らかに間違いです。アを切るには地理の知識が必要となりますが、表に挙げられた都府県の中で、人口100万人を超える都市があるのは、埼玉、宮城、神奈川、東京、大阪だけです。また、提示されている情報からは、「過疎の進む地方では１票の価値が高いこと」は判断しかねますので、イが正解となります。

PART 6

裁判所のキホン

三権のひとつ、司法を担当する裁判所。
裁判や裁判所の種類といった
基本事項だけではなく、
裁判員裁判や死刑廃止論の現状についても
詳しくなっておきましょう。

裁判の種類

裁判は「刑事裁判」と「民事裁判」に分けられる

> 有罪無罪・量刑を決める刑事、
> 権利の争いを解決する民事

刑事裁判と民事裁判の違い

	刑事裁判	民事裁判
内容	犯罪を行った疑いのある人を裁く	個人や会社、行政機関などの間のトラブルを解決する
訴える人	検察官	原告
訴えられる人	被告人	被告
解決	有罪or無罪が(有罪の場合は量刑まで)言い渡される	お互いが納得すれば「和解」で終了することも

刑事裁判で無罪でも、民事裁判では賠償金を課せられるケースもある

🏛 刑事裁判

裁判は大きく2種類に分けられます。

1つ目は、犯罪を行った疑いがある人が有罪なのか無罪なのか、さらに有罪である場合、どの程度の刑罰を科すのか量刑を決める「刑事裁判」です。

刑事裁判で、訴える側に立つのは犯罪の被害者ではありません。犯罪を起こした疑いがある**被告人を訴えるのは、「検察官」**と呼ばれる人々です。それに対し、被告人には弁護人をつける権利が認められています。

🏛 民事裁判

もう1つの裁判は、個人や会社、行政機関などの間で起こる様々なトラブルを解決する「民事裁判」です。
借金や不動産、相続、家族関係、雇用など、様々な分野で発生する権利の争いに対応します。

民事裁判では、**訴える側を「原告」、訴えられる側を「被告」**と呼びます。それぞれ弁護人をつけることが多いですが、弁護人をつけずに裁判を進めることも可能です。

「白黒つける」ことが求められる刑事裁判と異なり、民事裁判は、原則としてお互いが納得すれば「解決」となります。そのため、民事裁判は、裁判の途中で「和解」が成立し、判決が出ずに終了することもあります。

裁判所の種類

「憲法の番人」こと最高裁と4つの下級裁判所

> 下級裁判所＝高等裁判所・地方裁判所・家庭裁判所・簡易裁判所

裁判所の種類

最高裁判所　日本に1つだけ（東京都千代田区）。最高裁判所長官以下15名の裁判官で構成

下級裁判所

高等裁判所　全国8ヵ所

地方裁判所　全国50ヵ所

家庭裁判所　全国50ヵ所
家庭内の争いや少年犯罪を担当

簡易裁判所　全国438ヵ所
比較的軽い罪を担当

🏛 最高裁判所、高等裁判所、地方裁判所

日本の裁判所は、「最高裁判所」と、4つの「下級裁判所」に分けられます。

東京の千代田区にあり、日本の司法全体を取り仕切っているのが「最高裁判所」です。内閣によって指名され、天皇によって任命される「最高裁判所長官」を含む、15名の裁判官で構成されています。

法律や政策が憲法に違反していないかどうか、最終的に判断する権限を持つため、「憲法の番人」と呼ばれます。

下級裁判所のうち、全国8カ所、札幌・仙台・東京・名古屋・大阪・広島・高松・福岡に置かれ、主に第二審を担当するのが「高等裁判所」です。全国50カ所（北海道に4カ所、それ以外の各都府県に1カ所ずつ）に置かれ、**主に第一審を担当するのが「地方裁判所」**です。

🏛 家庭裁判所、簡易裁判所

家庭内のもめごとや少年犯罪などを担当する「家庭裁判所」も、地方裁判所と同じく全国50カ所に設置されています。

裁判は原則として公開されることになっていますが、家庭裁判所では、関係者の感情的な部分の解決や非行のある少年の更生を優先し、非公開の話し合いなどが進められることもあります。

「簡易裁判所」は、140万円を超えない範囲での権利の争いや、罰金以下の刑が想定される事件の裁判を担当します。全国に438カ所設置されています。

スピード違反で赤切符を切られたときに、簡易裁判所に出頭しなければならないのは、**罰金という刑事罰を科す判断ができるのは裁判所だけ**だからです。

三審制

3回まで裁判を受けられる「三審制」

> 第一審→第二審が「控訴」、
> 第二審→第三審が「上告」

三審制とは

第三審 — 最高裁判所

↑ 上告

第二審 — 高等裁判所

↑ 控訴

第一審 — 簡易裁判所／家庭裁判所／地方裁判所

※民事のみ簡易→地裁→高裁のルートあり

🏛 納得がいかない判決に対して

原告や被告が、判決に対して「納得がいかない」と感じる場合もあるでしょう。日本では、1つの案件につき、原則として3回まで裁判を受けることができます。これを「三審制」と呼んでいます。

第一審は「簡易裁判所」「家庭裁判所」「地方裁判所」のいずれかで行われます。第二審は「高等裁判所」、第三審は「最高裁判所」が担当することが多いです。民事裁判に限り、「簡易」→「地裁」→「高裁」のルートがあります。

第一審から第二審に進むことを「控訴」、第二審から第三審に進むことを「上告」といいます。

🏛 第二審で確定となるケースも多い

ただ、「上告」が認められるケースは、第二審の判決が憲法や判例と矛盾している疑いがある場合など、かなり限定されています。
実際には上告が棄却、または却下され、第二審の判決で確定となるケースが多いようです。

三審制を経て判決が確定された案件でも、あとから、裁判で使われた証拠が偽物であったことが明らかになった場合や、被告人の無罪を証明する新しい証拠が出てきたような場合は、「再審」を請求することができます。

えん罪の防止

裁判の大原則「疑わしきは被告人の利益に」

> 無実の人が有罪判決を受ける「えん罪」を防ぐための原則

えん罪を防ぐしくみ

無罪の人が有罪判決を受けることも!?

本当は罪を犯していない人が有罪判決を受けるという事態は、あってはならないことです。しかし、人が人を裁く以上、そういった「えん罪」という名の人権侵害が発生する可能性は常に存在しています。

「えん罪」を防ぐために非常に重要になってくるのが、ラテン語の「in dubio pro reo」、「疑わしきは被告人の利益に」という原則です。

この原則を徹底し、**裁判をできるだけ慎重に行うために用意されているのが、「三審制」や「再審」**といった制度です。

また、日本では、**自白「のみ」を証拠として被告人を有罪にすることはできない**とされていますが、それもこの原則を徹底するための規定だと言えるでしょう。

痴漢えん罪で社会的信用を失う

とはいえ、裁判で有罪判決を受ける前に、罪を犯したと疑われた時点で社会的な罰を受けてしまうケースもあります。

この点に関して、頻繁に話題に上るのが「痴漢えん罪」です。

痴漢の疑いをかけられ、駅の事務所に連れていかれた時点で「現行犯逮捕」に同意したとみなされ、警察による拘留を受けます。物理的に会社に行けなくなって社会的信用を失い、さらに容疑を否定すると、拘留が長引き、メディアによって実名報道される可能性まで出てくるようです。

近年では、疑いをかけられた瞬間、線路に降りて逃げようとする人まで出てきました。痴漢そのものの撲滅はもちろん、こういった「えん罪」への不安を取り除くための、何らかの策が講じられることが望まれています。

司法権の独立

裁判官は憲法と法律にのみ拘束される

▷ 裁判官が他者の圧力を受けやすい状態であってはならない

司法権の独立

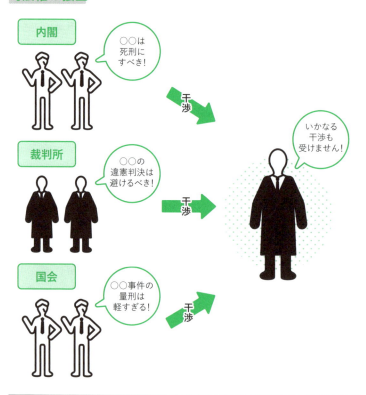

🏛 「司法権の独立」とは

裁判官というのは、その仕事の性質上、他者からの圧力を受けやすい職業です。

そのため、日本国憲法第76条は、「すべて裁判官は、その良心に従い独立してその職権を行い、この憲法及び法律にのみ拘束される。」と宣言し、裁判官は、内閣や国会といった他の機関からの干渉を受けないとしています。これを **「司法権の独立」** と呼んでいます。

この「司法権の独立」に関して、しばしば語られるのが「大津事件」です。明治24年（1891年）、ロシアの皇太子が来日し、琵琶湖を遊覧した際、警護に当たっていた巡査に切りつけられるという事件が起きました。

🏛 「大津事件」のあらまし

当時、巡査が犯した「謀殺未遂」に対する最高刑は、「無期徒刑」でした。無期徒刑というのは現在の無期懲役に近しい刑罰で、要するに巡査の犯した罪は死刑に値する罪ではなかったわけです。

しかし、怒ったロシアが領土の割譲などを要求してくる可能性もあったため、内閣は、日本の皇族に対する規定を援用し、巡査を死刑に処することを求めました。

これに対し、現在の最高裁長官にあたる当時の大審院長、児島惟謙は、巡査に対して死刑を適用しないよう担当の裁判官を説得しました。その結果、巡査に死刑が宣告されることはありませんでした。

明治天皇が直接謝罪されたことなどもあって、ロシアとの関係が悪化することはなかったようですが、それとは別に、この「大津事件」は「司法権の独立」を語るときに頻繁に言及される事件となりました。

裁判官の身分保障

裁判官が例外的に辞めさせられるケース

> 「弾劾裁判」での罷免は過去に7例、「国民審査」での罷免はゼロ

裁判官が例外的に罷免されるケース

①心身の故障

心身の故障によって
長期にわたって仕事をするのが
難しいと判断された場合

②公の弾劾

問題がある裁判官に対して
国会の弾劾裁判所が
「罷免」を言い渡した場合

③国民審査

最高裁判所の裁判官が
衆議院の際の国民審査で、
正しく投票した人の過半数に
「×」をつけられた場合
（過去罷免された人はゼロ）

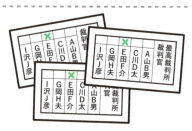

🏛 裁判官の身分保障

政治家や上司によって、「〜という判決を出さないとクビだ！」というプレッシャーをかけられるようでは、「司法権の独立」は守られません。

そのため、裁判官は原則として、定年を迎えるまで本人の意思に反して辞めさせられる（＝罷免される）ことはないとされています。

ただ、例外的に罷免されるケースが3つあります。

1つ目は「裁判により、心身の故障のために職務を執ることができないと決定された場合」です。病気やケガなどにより、長期にわたって仕事ができなくなる場合が想定されているようです。

2つ目は「公の弾劾による場合」です。PART3に記しましたが、仕事の仕方に著しい問題がある裁判官や、裁判官としての威信を著しく喪失させるようなことをした裁判官がいた場合、国会議員で構成される「弾劾裁判所」が「罷免」を言い渡すことができます。

🏛 国民審査は10年ごと

3つ目は「国民審査の結果、罷免を可とされた場合」です。

これは「**最高裁判所裁判官の国民審査**」と呼ばれるもので、**通常、衆議院選挙と同時に行われます。**

最高裁判所の裁判官に任命されると、その次の衆議院選挙の際、国民審査の投票用紙に名前が載ります。

投票者は、罷免したい裁判官に×印をつけ、その×印が過半数を超えた裁判官は罷免されます。一度クリアすると、その後10年間は審査の対象になりません。

ちなみに、過去に国民審査で罷免された裁判官は1人もいません。

違憲(立法)審査権

裁判所に与えられた重要な権限「違憲審査権」

> 国会や内閣が作った法令が憲法に違反していないかを審査

違憲(立法)審査権とは

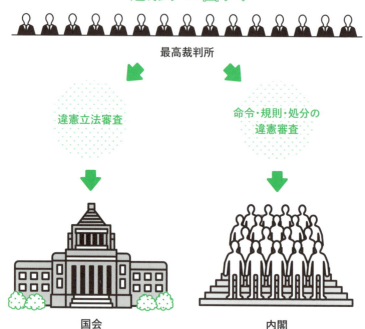

憲法の番人

最高裁判所

違憲立法審査 → 国会

命令・規則・処分の違憲審査 → 内閣

🏛 法律などが憲法に違反していないか

裁判所には、様々なもめごとを法律に沿って解決していくほかに、もう1つ、非常に大きな役割・権限が与えられています。

それが「**違憲（立法）審査権**」です。すなわち、国会が作った法律や、内閣が発した命令・規則・処分などが、日本国憲法に違反していないかを審査する権限です。

裁判所によって違憲とされた法律や、命令・規則・処分は「無効」とされますが、この違憲審査権について知っておきたい、基本的な知識は2つあります。

1つ目は、**憲法に違反している疑いのある法令が成立しただけでは、違憲審査は発動しない**という点です。日本の裁判所は、その法令に関係した具体的な事件が裁判所に持ち込まれ、どうしても審査の必要があるときに限って審査を行います。

🏛 「一票の格差」に関わるものが多い

もう1つは、**違憲審査権はすべての裁判所が持つ**、という点です。ただ、最後に白黒つけるのは最高裁ですから、とくに最高裁は「憲法の番人」と呼ばれています。

前章でも述べたように、近年、比較的頻繁に行われる違憲審査は、選挙の際の「一票の格差」に関わるものです。

ただ、「違憲」としてしまうと、理屈としては選挙をやり直さなければならなくなることもあり、実際には「違憲状態」という判断が下されることが多いようです。

裁判員裁判①

国民の視点や感覚を裁判に反映させる制度

抽選で選ばれた6名が「重大な刑事事件の第一審」に参加

裁判員制度

概要	抽選で選ばれた18歳以上の一般市民が裁判に参加
目的	国民の視点・感覚の反映 司法に対する国民の信頼向上
担当	重大な刑事事件の第一審
構成	プロの裁判官 3名　　裁判員 6名
判決	・有罪か無罪か。有罪の場合は量刑まで決める ・意見が割れたら多数決。ただし有罪とするには裁判官1名以上の賛成が必要 有罪　無罪　→　この場合は　無罪

🏛 裁判員裁判は地方裁判所で実施

2009年から「**裁判員制度**」が始まりました。
「裁判員制度」とは、抽選で選ばれた一般市民が「裁判員」として、裁判官と一緒に「有罪か無罪か」「有罪であるならどれくらいの刑を科すのか（量刑）」を決める制度です。

「裁判官だけの裁判では、常識からかけ離れた判決が出されることもある」という反省から、国民の視点や感覚を裁判の内容に反映させ、司法に対する国民の信頼の向上につなげることを目的として、始められました。

裁判員裁判が実施されるのは、「重大な刑事事件の第一審のみ」です。そのため、**必ず「地方裁判所」で実施**されます。
「重大な刑事事件」というのは、殺人や放火、覚せい剤の販売くらいのレベルの事件です。民事事件では実施されません。

🏛 裁判官3名と裁判員6名で構成

当初、裁判員は20歳以上の国民の中から抽選で選ばれていましたが、2022年4月から年齢の上限が「18歳以上」に引き下げられました。
今後は現役の高校生が裁判員を務めるケースも出てくるようです。

裁判はプロの裁判官3名と裁判員6名で進められます。
話し合いの結果、意見が割れたときは多数決になりますが、**被告人を「有罪」にするためには、最低でもプロの裁判官1人以上の賛成**が必要とされています。
裁判員6名が「有罪」と判断しても、裁判官3名が「無罪」と判断したら「無罪」です。このあたりにも「疑わしきは被告人の利益に」の原則が反映されています。

裁判員裁判②

裁判員に選ばれても 5人中4人が辞退か欠席

拘束時間が長く、心理的負担も大きい

選ばれた裁判員の辞退率・出席率

出典：最高裁

年々、辞退する人、欠席する人が増加している

🏛 裁判員制度が抱える課題

 裁判員制度が始まってから約9年が経った2018年3月末の時点で、約8万3000人の人が裁判員に選ばれたようです。

 国民が積極的に参加しているとは言いがたく、2017年度の辞退率は過去最高の66.0%で、辞退しなかった人の出席率は過去最低の63.9%でした。

 辞退できる理由はいくつかあり、70歳以上であることや、病気や怪我のほかにも、
「介護又は養育が行われなければ日常生活を営むのに支障がある同居の親族の介護又は養育を行う必要があること。」
「その従事する事業における重要な用務であって自らがこれを処理しなければ当該事業に著しい損害が生じるおそれがあるものがあること。」
といったものが認められています。

🏛 国民のモチベーションが上がらない理由

 単に「仕事があるから」という理由では、辞退できないということになっていますが、裁判員に選ばれると、**3日から多くて5日、それぞれ約半日拘束**されます。仕事や家事で忙しい人はなかなか行きづらいようです。

 また、裁判員裁判は「第一審のみ」ですから、裁判員裁判で出された判決が第二審で変わる可能性も大きいです。

 さらに、「残酷な証拠写真などを見なければならないこと」や「人の運命を決める側に立つこと」の心理的負担が大きいこと、守秘義務違反に科せられる刑罰が「6月以下の懲役又は50万円以下の罰金」と重いことなどから、裁判員になることに対する国民のモチベーションは高いとは言えないのが現状です。

死刑制度

死刑廃止論と死刑存続論の終わりのない対立

▷ 2014年の内閣府の世論調査では「廃止すべき」が9.7％

世界各国の状況

	死刑制度あり	死刑制度なし
主な国	アメリカ（26の州と自治領は廃止）、日本、インド、中国 他	フランス、スペイン、ドイツ、カナダ、イタリア、イギリス、ロシア、オーストラリア など
	制度はあるが10年以上執行なし 韓国 など	

死刑存続・死刑廃止の理由

	死刑を残すべき派	死刑をやめるべき派
理由	・犯罪の抑止や再犯の防止に役立つ ・被害者や遺族の感情を考えると必要である ・殺人者の生命を国家が保証するのは正しいことなのか など	・死刑は憲法が禁止する「残虐な刑罰」にあたる ・多くの先進国は死刑を廃止している ・えん罪や更生の可能性は常に存在する など

🏛 世界では死刑廃止が多数派⁉

2018年7月、オウム真理教の元幹部らの死刑が執行されたのに伴い、死刑についての言説をネットなどで見かける機会が増えました。

世界を国単位で見ると、死刑を完全に廃止している国が97、死刑制度はあっても過去10年執行されていない国が48あるのに対し、過去10年に死刑が執行されている国は42あるそうです。

ただ、死刑が執行されている42の国の中には、中国やインド、アメリカなど、人口ランキング上位10位に入る国のうち、7ヵ国が含まれています。

🏛 日本では「死刑はやむを得ない」派が80％

日本国内では、2014年に政府が実施した調査によると、「死刑もやむを得ない」派が80.3％、「死刑は廃止すべきである」派が9.7％でした。
「やむを得ない」派の理由としては、「被害者や家族の気持ちがおさまらない」「凶悪犯罪は命をもって償うべきだ」「生かしておくとまた同じような犯行に及ぶ危険がある」といったものがあげられます。

「廃止すべき」派の理由としては、「裁判に誤りがあったとき、取り返しがつかない」「生かして償いをさせた方がいい」「国家であっても人を殺すことは許されない」といったものがよくあげられます。

2018年7月の死刑執行に際して、死刑を廃止しているEUなどが、「いかなる状況下でも極刑の使用に強くまた明確に反対する」との声明を発表しました。

人を死に至らしめた場合以外、死刑判決が下されることがない日本では、**「人を殺した人の命を国家が保証する」**ことに対する違和感を持つ人がまだまだ多いようです。

中学入試レベルの問題にチャレンジ！⑥

(東洋英和女学院中学部　2018年第1回より一部改題)

<u>1</u>　次の文章を読んで、あとの問いに答えなさい。

> 日本の国の権力は、①立法権・行政権・司法権に分けられ、それぞれを担う機関がたがいに監視し合うことで、権力のらん用を防ぐしくみがとられています。そのうち、司法権を担う裁判所は、内閣に対して、行政が憲法や法律に従って適切に行われているかどうかを、また、国会に対しては②法律が憲法に違反していないかどうかを審査する権限をもっています。
>
> 日本国憲法では、司法権は最高裁判所と下級裁判所だけに属すると定め、③司法権の独立を保障しています。この原則を確保するため、裁判官の身分は、国会議員や他の公務員と比べると特に手厚く保障されていて、④裁判官を辞めさせることについては、厳しい制限を設けています。
>
> また憲法は、だれに対しても「裁判を受ける権利」を保障しています。裁判には、おもに民事裁判と刑事裁判があります。いずれの裁判でも、裁判所の判決に納得できない場合には、三回まで裁判を受けられるしくみが保障されています。
>
> 裁判は、人権を守るための大切な制度です。だからこそ国民は、裁判に対して主体的に関わっていかなくてはなりません。そのため憲法には、⑤最高裁判所裁判官の国民審査が規定されています。さらに2009年からは、国民の中から選ばれた（※）が裁判官とともに裁判を行う制度が導入され、国民にとって、司法がより身近なものとなってきています。

問1． 下線部①について、このしくみを何といいますか。

答え：_____

問2． 下線部②について。この権限はすべての裁判所にありますが、最高裁判所はその最終判断を行う終審裁判所であることから、特に何と呼ばれていますか。

答え：_____

問3. 下線部③について。これはどのようなことを防ぐための原則ですか。

答え：＿＿＿＿＿＿＿＿＿＿＿＿＿＿＿＿＿＿

問4. 下線部④について。次は、これに関する憲法の条文の一部です。条文中の"公の弾劾"を行う機関は、どこが設置していますか。

> 裁判官は、裁判により、心身の故障のために職務を執ることができないと決定された場合を除いては、公の弾劾によらなければ罷免されない。

答え：＿＿＿＿＿＿＿＿＿

問5. 法廷では「傍聴席」が設けられ、特別な場合を除いては、だれでも裁判を見ることができます。このように裁判が公開されているのはなぜですか。

答え：＿＿＿＿＿＿＿＿＿＿＿＿＿＿＿＿＿＿

問6. 下線部⑤について。より多くの国民が関わるために、国民審査はどのような機会に行われていますか。

答え：＿＿＿＿＿＿＿＿＿＿＿＿＿＿＿＿＿＿

問7. 文章中の（※）にあてはまる語句を答えなさい。

答え：＿＿＿＿＿＿＿＿＿

解答・解説

　東洋英和の2018年度の問題です。日本の司法制度の概要について簡潔にまとめながら、それぞれの制度の背後にある目的や意図に目を向けさせる良問でした。

問１．三権分立

問２．憲法の番人

問３．（例）裁判官が他者からの圧力をうけ、公正な裁判が行われないこと。

問４．国会

問５．（例）裁判を国民の監視下に置き、裁判の公正を保つこと。

問６．（例）衆議院議員総選挙と同時に行われる

問７．裁判員

PART 7

地方自治のキホン

私たちの生活に身近な地方の政治は、
国の政治とは少々異なるしくみで運営されています。
イギリスの政治家ブライスが
「民主主義の学校」と呼んだ
地方自治のキホンについてふれてみましょう。

地方公共団体とは

国の政治と地方の政治はしくみが少し異なる

▷ 「地方公共団体」とは、主に都道府県と市町村、東京23区のこと

「地方公共団体」とは？

普通地方公共団体

都道府県
都：1／道：1／府：2／県：43

市町村
市：789／町：746／村：184

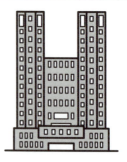

特別地方公共団体

都に設置される
特別区東京23区
etc.

PART7 地方自治のキホン

🏛 「地方」とは

「地方自治」について学ぶ前に、念のため「地方」という言葉の意味を確認しておきましょう。

政治について学んでいるときに、「地方」という言葉が出てきたら、それは原則として、「都道府県」や「市町村」、そして「東京23区」のことを指します。
これら3つを**「地方公共団体」**と呼びます（※）。

ニュースなどでしばしば耳にする「(地方) 自治体」という言葉も、一般的にこの「地方公共団体」を指しています。

これら3つの「地方公共団体」には、都道府県知事や市町村長といった**「選挙によって選ばれた行政の責任者」**と、同じく選挙によって選ばれた人で構成される**「議会」**が存在しています。

私たちにとってより身近な「都道府県」や「市町村」の政治は、ここまで学んできた「国の政治」とは少し異なるしくみで運用されています。
そのポイントを、「地方自治」の「自治」という言葉に注目しながら見ていきましょう。

※地方公共団体は「普通地方公共団体」と「特別地方公共団体」の2つに分けられます。前者には都道府県と市町村、後者には都に設置される特別区の他に、地方公共団体の組合や財産区なども含まれます。

地方自治の本旨①

地方の政治には住民がより深く関われる

▷ 「住民自治」＝生活に身近な地方の政治は自分たちで決めていこう

国の政治＝間接民主制の徹底

直接請求できない

地方の自治＝直接民主制的要素が強い（住民自治）

一定人数の署名を集めれば請求可能！

🏛 生活に密着した政治のあり方

地方の政治について、憲法は第92条で、「地方公共団体の組織及び運営に関する事項は、地方自治の本旨に基づいて、法律でこれを定める」と規定しています。

さて、「地方自治の本旨」とは何でしょうか。「地方自治の本旨」、すなわち地方自治のあり方は、一般的に**「住民自治」**と**「団体自治」**という言葉で説明されます。

まずは「住民自治」という言葉の意味から考えてみましょう。

国の政治では「間接民主制」がかなり徹底されています。たとえば、「国会議員」でも「内閣」でもない私が「こんな法律を作ってください」と国会に頼んだとしても、国会には、それに対して何らかの対応する義務は発生しませんでした。

それに対して、私たちにとってより身近な地方の政治には、もう少し住民が関われる部分があった方がいいのではないか、というのが「住民自治」の考え方です。

🏛 「地方自治は民主主義の学校」

たとえば、都道府県や市町村の中で運用されるルールを「条例」と言いますが、住民である私が「こんな条例がほしいなぁ」と思ったら、条例を制定する権限を持った地方議会に検討してもらうための手段が用意されています。

国の政治と比べると、地方の政治には住民が関わる部分が大きく、**住民が「民主主義」とはどういうものかを体得しやすい**ということで、イギリスの法学者ブライスは「地方自治は民主主義の学校である」という有名な言葉を残しました。

地方自治の本旨②

国と地方公共団体は あくまで対等！

▷ 「団体自治」＝地方の政治は国から独立した団体にゆだねられるべき

国と地方の関係

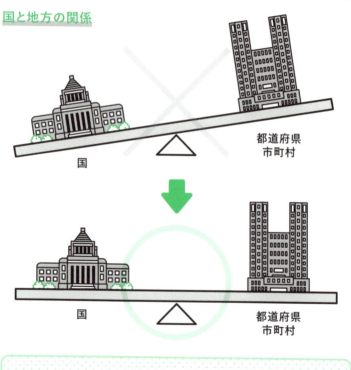

国と地方の関係は対等！

PART7 地方自治のキホン

🏛 「地方分権」の方が人権が守られやすい

「地方自治の本旨」の2つ目である「団体自治」とは何でしょうか。

これは、住民1人ひとりの人権を守るために、地方の政治は、国から独立した団体にゆだねられるべきだ、という考え方です。

言い換えると、「国(政府)」と「地方公共団体」は対等である、ということです。**都道府県や市町村といった組織は、日本国政府の「下」にあるわけではないのです。**

戦前の日本のような中央集権的な国家では、地方のことも国が決めていきます。戦前の都道府県知事は、今のように選挙で選ばれるのではなく、政府によって任命されるものでした。

戦後、日本の民主化が進められる中、1947年に「地方自治法」が制定されましたが、その後も、地方公共団体の首長などを国の下部機関と位置づける制度(「機関委任事務制度」)が存続していました。

この制度が1999年の地方自治法改正によって廃止されたことで、「地方分権」がかなりの程度徹底されるようになりました。

🏛 国の方が大きな力を持ちがちだが…

2011年7月に、東日本大震災の復興大臣、すなわち日本国政府のメンバーが被災地を訪れたとき、知事が出迎えにこなかったことに不快感を表明したことが問題視されました。

国と地方公共団体では、動かせる予算や人員が大きい国の方が力を持ちがちだからこそ、政府のメンバーには「地方自治の本旨」をより理解した言動が求められています。

国政との違い①

国は「議院内閣制」、地方は「二元代表制」

> 地方では行政のトップ（知事や市町村長）も選挙で選ぶ

国政＝議員内閣制

地方自治＝二元代表制

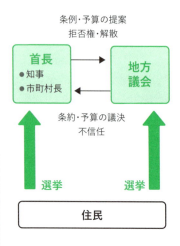

🏛 地方議会と首長

地方の政治について、「国とどう違うのか」という視点に立って、もう少し詳しく見ていきましょう。

まず、国の政治は「立法」「行政」「司法」の3つに分けて進められていますが、このうち「司法」、つまり裁判はすべて国(裁判所)が管轄しています。

地方の政治で、「国会」に似た役割を果たす議決機関が、「地方議会」です。東京都には「東京都議会」がありますし、大阪市には「大阪市議会」があります。

その地方の中で運用されるルールである「条例」を作ったり、その地方の「予算」を決めたりしています。

地方の「行政」を実際に進めていくのは、「都道府県庁」や「市役所」「町・村役場」などで働く地方公務員で、その地方公務員のトップに立つのが、「都道府県知事」や「市町村長」です。

都道府県知事や市町村長をまとめて、「(地方公共団体の)首長」と呼ぶこともあります。

🏛 「二元代表制」とは

地方の行政のトップである首長は、住民によって直接、選挙で選ばれます。また、首長が地方議会議員や国会議員を兼ねることはできません。

国会議員の中から国会によって指名される内閣総理大臣よりも、国民によって選挙で選ばれるアメリカ大統領に近い存在です。

このように、首長と議会の両方を住民が選挙で選ぶ制度を、「二元代表制」と呼びます。

国政との違い②

議会の解散と首長の不信任に課せられた制限

> 首長と議会の対立が政治を
> 止めないようにするためのしくみ

首長と地方議会が対立することも…

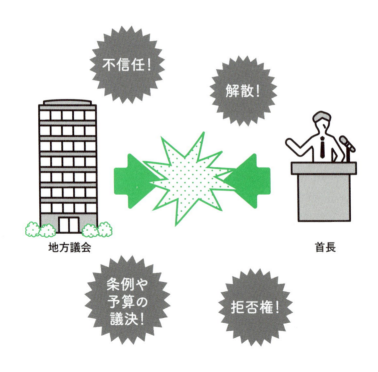

地方議会　　　　　　　　　首長

🏛 不信任決議と解散

　議員内閣制のもと、国会の信任を得て成立する内閣と、住民による選挙で選ばれた首長とでは、議会との関係も少し変わってきます。

　1つ目は「議会の解散権」に関する違いです。内閣が原則として「いつでも」衆議院を解散できるのに対し、首長は議会に不信任決議を可決されたときしか、議会を解散することができません。

　二元代表制では、**首長と議会のどちらにも「住民によって直接選ばれた」という正義が存在するため、内閣と国会に比べると、より対立しやすいと考えられます。**
　議会の解散が続いて政治が停滞するのを防ぐため、首長の解散権には制約が設けられています。

　ちなみに、地方議会が首長の不信任決議を可決するハードルも高めに設定されています。
　衆議院が内閣不信任決議を可決するには、出席議員の過半数の賛成が必要であるのに対し、**地方議会が首長の不信任決議を可決するには、出席議員の4分の3以上の賛成が必要**です。

🏛 議会に対する拒否権

　また、議会の決定に対して異議があるとき、首長が「拒否権」を行使し、再議を求めることができるのも、国の政治との大きな違いです。
　これに対し、議会は出席議員の3分の2以上の賛成を集めることで再議決することができます。

　ちなみに、アメリカ大統領も連邦議会の決議に対する拒否権を持っています。このあたりにも、日本の地方の政治とアメリカ政治の類似点を見出すことができます。

条例

「条例」=都道府県や市町村のルール

> 「乾杯条例」や「豪邸条例」といった地方色豊かな条例も！

条例＝地方公共団体が法律の範囲内で定めるルール

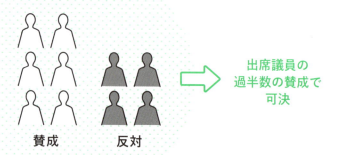

地方議会

賛成　反対

⇒ 出席議員の過半数の賛成で可決

すべての都道府県にある条例（一部）

青少年保護育成条例	迷惑防止条例
18歳未満の深夜外出の制限、有害図書販売の禁止 他	痴漢や盗撮、ストーカー行為などの禁止 他

🏛 出席議員の過半数の賛成で制定

ここまでも何回か登場しましたが、地方公共団体が法律の範囲内で制定できるルールを「条例」と呼びます。

条例は、地方議会で「出席議員の過半数」が賛成することによって制定・改廃されていきます。

条例の中には、「青少年保護育成条例」や、痴漢や盗撮行為などを禁じる「迷惑防止条例」のように、現在、**すべての都道府県（や一部の市町村）で運用されているもの**もあります。

もちろん名称や内容は、地方公共団体ごとに若干異なります。

それに対して、地方色豊かな条例が制定され、話題になることがあります。

有名なものとしては、三重県紀勢町の「キューピッド条例」、青森県板柳町の「りんごまるかじり条例」、兵庫県芦屋市の「豪邸条例」、兵庫県小野市の「生活保護でのギャンブル禁止条例」、京都府京都市の「乾杯条例」、和歌山県みなべ町の「梅干しでおにぎり条例」といったものが挙げられます。

🏛 罰則があるものばかりではない

ちなみに京都市の「乾杯条例」の正式名称は、「京都市清酒の普及の促進に関する条例」です。山梨県甲州市には「甲州ワインによる乾杯の推進に関する条例」がありますし、北海道中標津町には「牛乳消費拡大応援条例」があります。

いずれも、地元で生産された飲料を皆で積極的に飲みましょう！と呼びかけていくための条例です。宴会をビールで始めたからといって、罰則があるわけではありません。

直接請求①

地方の住民には「直接請求権」がある

> 一定数の署名を集めることで条件例の制定や監査の請求ができる

住民の直接請求①

	必要な署名数	請求先	請求後の取り扱い
条例の制定・改廃請求	有権者の50分の1以上 例：30万人の自治体なら6000人以上	首長	議会で話し合い、その結果を公表する
監査の請求	有権者の50分の1以上	監査委員	監査を行い、その結果を公表する

🏛 有権者の50分の1以上の署名

地方の政治では、住民である私たちが直接政治に働きかける「直接請求」の制度が用意されています。

たとえば、住民である私が、「こんな条例があったらいいのに」とか「この条例を変えたい」あるいは「この条例をなくしたい」と思ったとき、同意してくれる人の「署名」を一定数集めます。

その署名を首長(都道府県知事や市町村長)に提出することで、「条例の制定・改廃請求」を行うことができます。

この場合、必要となる署名の数は、有権者数の50分の1以上となります。

署名を受け取った首長は、それを議会に持っていき、結果を報告しなければなりません。署名が集まったからといって、条例が制定されるわけではありません。**議会がダメと言ったらダメ**です。

しかし、直接働きかける手段・制度が用意されているというのは、国の政治との大きな違いです。

🏛 監査請求

同じく、有権者の50分の1の署名で実現できるものに、「監査請求」というものもあります。

こちらが成立したときは、地方公共団体の監査委員は、事務作業全般について監査を行い、結果を公表しなければなりません。

直接請求②

議会の解散や首長・議員の解職も請求できる！

> 住民投票で過半数が賛成すれば
> リコール成立

住民の直接請求②

	必要な署名数	請求先	請求後の取り扱い
地方議会の解散請求	有権者の3分の1以上 例：30万人の自治体は10万人以上	選挙管理委員会	住民投票を行い、有効投票の過半数の賛成があれば解散
地方議会議員、首長の解職請求	有権者の3分の1以上	選挙管理委員会	住民投票を行い、有効投票の過半数の賛成があれば解散

解散請求やリコールはハードルが高い

有権者の3分の1以上の署名

　間接民主制が徹底されている国の政治では、私たち国民が、「内閣総辞職」や「衆議院の解散」を求めるための制度は、用意されていません。

　しかし、地方では「首長や地方議会の議員の解職」や「地方議会の解散」を請求することができます。これを**「リコール」**と呼んでいます。

　解職や解散を請求するためには、原則として、有権者の3分の1の署名を集めなければなりません。有権者が30万人いる地方公共団体だと、10万人分の署名を集める必要がありますので、そう簡単に集まるものではありません。(※)

署名の後に住民投票

　また、「署名が集まったからといってクビ！」というわけでもありません。集められた署名は、**いったん地方公共団体の「選挙管理委員会」に提出**され、その後「住民投票」が行われます。

　この住民投票で、解職や解散に賛成する票が有効投票の過半数に至った場合、そのリコールは成立します。

　少し前の話になりますが、2011年、政令指定都市である名古屋市で議会の解散請求が成立したときは、大きな話題となりました。

※有権者が40万人を超える自治体では、40万人を超える分から60万人までは6分の1、60万人を超える部分については8分の1の署名を集めればよいとされています。

住民投票

住民の意思を問う「住民投票」は5種類ある

> なかには18歳未満の人や外国人が投票できるものもある

住民投票の種類

① 国会が特定の地方公共団体のみを対象とした特別法を制定する際の住民投票

② 首長や議員の解職、議会の解散請求後の住民投票

③ 市町村の合併協議会の設置を求める住民投票

④ 特定の問題について条例を制定して住民の意思を問う住民投票

⑤ 大都市地域特別区設置法に基づく住民投票

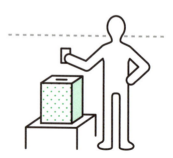

「身近なことはみんなで決めよう」

前項で扱った解散請求や解職請求以外でも、住民投票が実施されるケースがいくつかあります。

まず、憲法が規定している住民投票が左ページの①です。
国会が特定の地方公共団体にのみ適用される特別法を制定するときは、その地方自治体の住民による住民投票の結果、過半数の賛成がなければ制定できない、とされています。
ただ、この住民投票は1952年以降、実施されていません。

近年増えてきているのは、④の、**特定の議題について、住民の意思を問うために、議会が定めた条例に基づいて行われる住民投票**です。
1980年代から90年代にかけては、在日米軍や原子力発電所に関する議題で行われることが多かったようですが、2000年代になると市町村合併の是非を巡って行われることが増えました。

この住民投票は「公職選挙法」による制限を受けないため、条例次第では18歳未満の人や外国人に投票権が与えられることもあります。
ただ、**このタイプの住民投票には法的拘束力がないため、民意が無視されるケースも散見されます。**

近年では「大阪都構想」での投票が有名

ほかにも、2012年に成立した「大都市地域特別区設置法」に基づいて、政令指定都市の廃止などの是非を問う住民投票（⑤）があります。こちらは2015年に大阪市で実施されました。
いわゆる「大阪都構想」を前に進めるために、大阪市を5つの特別区に分割することの是非を問う住民投票となりました。
この住民投票は法的拘束力を持つものであり、僅差で否決されたことを受けて、当時の橋下徹大阪市長は引退を表明しました。

中学入試レベルの問題にチャレンジ！⑦

次の文章を読んで、あとの問いに答えなさい。

> 都道府県や市町村といった「地方公共団体」を単位として進められる地方の政治を「地方自治」といいます。国の政治に比べると地方の政治は住民が関わる部分が多く、イギリスの法学者ブライスは「地方自治は民主主義の（　ア　）である」という有名な言葉を残しました。
> ①地方の政治は、②都道府県知事や市町村長といった首長と、議決機関である議会を中心に進められます。議会は、その地方公共団体の中でのみ運用されるルールである（　イ　）を制定することができます。
> 住民には③直接請求権が認められていて、一定の署名を集めることで、（　イ　）の制定・改廃、監査、議会の解散、議員や首長の解職などを求めることができます。
> 地方の政治に対する国家権力の介入を減らしていく「地方分権」を推進するには、地方が④十分な財源を確保している必要があります。しかし、現在、少子高齢化や人口の都市部への集中などにより、多くの地方公共団体が運営において厳しい状況に置かれています。人口の50％以上を65歳以上の高齢者が占め、共同体の維持そのものが難しくなる集落も増えつつあり、このような集落を「（　ウ　）集落」と呼ぶ学者もいます。

問１．本文中の（ア）～（ウ）に入る言葉を、それぞれ答えなさい。

　　　　　　　　　　　　　　　　ア：　　　　　イ：　　　　　ウ：

問２．下線部①に関して、次のうち、地方公共団体の仕事に分類されるものをすべて選び、記号で答えなさい。

　　ア：ごみの処理　　　イ：警察・消防　　ウ：裁判
　　エ：上下水道の管理　　オ：電気・ガスの供給

　　　　　　　　　　　　　　　　　　　　　　　　　答え：

PART7 地方自治のキホン

問3. 下線部②に関する次の選択肢のうち、正しいものを1つ選び、記号で答えなさい。

ア:首長は地方議会の議員の中から議会によって選ばれる。
イ:首長は議会をいつでも解散することができる。
ウ:都道府県知事の被選挙権を持つのは満30歳以上の日本国民である。
エ:地方議会は二院制で運営されている。

答え:＿＿＿＿＿

問4. 下線部③に関する次の選択肢のうち、正しいものを1つ選び、記号で答えなさい。

ア:住民は、有権者の1/50の署名を集めることで、新たな条例を制定することができる。
イ:住民は、有権者の1/50の署名を集めることで、監査請求を行うことができる。
ウ:首長の解職請求を行いたい住民は、原則として、有権者の1/3の署名を集めて議会に提出すればよい。
エ:住民は、有権者の1/3の署名を集めることで、議会を解散させることができる。

答え:＿＿＿＿＿

問5:下線部④に関して、次のア~ウのうち、地方公共団体の収入の格差を少なくするために、国から分配される資金を指すものはどれですか。またその資金のことを何と呼びますか?

地方の歳入
2018年度

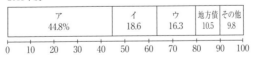

記号:＿＿＿＿＿　名称:＿＿＿＿＿

解答・解説

問1. ア：学校　イ：条例　ウ：限界

問2. ア、イ、エ

暮らしている場所によってごみの分別のルールが異なるのは、ごみの処理が地方公共団体の仕事だからです。電気・ガスの供給は民間企業の仕事ですが、上下水道の管理は地方公共団体の仕事です。

問3. ウ

アについて、首長と地方議会の議員を兼務することはできません。イについて、首長が地方議会を解散できるのは、議会が首長の不信任決議を可決したときに限られています。エについて、地方議会は一院制で運営されています。

問4. イ

有権者の1/50の署名を集めても、条例の制定の「請求」ができるだけで、条例が制定されるわけではありません。条例を制定する権限はあくまで地方議会に与えられています。また、解職・解散請求の署名は「選挙管理委員会」に提出します。この場合も、署名を集めただけでは解職・解散は成立せず、そのあとに行われる住民投票で有効投票の過半数の賛成を得て初めて解職・解散が成立します。

問5. 記号：イ　名称：地方交付税

アが「地方税」、イが「地方交付税」、ウが「国庫支出金」です。地方交付税と国庫支出金は、どちらも国から支給される資金ですが、地方交付税の使途は地方が決められるのに対し、国庫支出金は国が使途を決めた上で支給するという違いがあります。

PART 8

社会保障のキホン

ニュースでよく見かける「社会保障」という言葉。
何を目的としたどのような制度なのでしょうか。
私たちの生活にどのように関わっているのでしょうか。
そして現代の日本において、
なぜ、ここまで話題になるのでしょうか。

社会保障とは

国民の生活を支える「社会保障制度」

> 少子高齢化の進行に伴い、重要度もコストも増すばかり

日本国政府のお金の使いみち（2024年度当初予算）

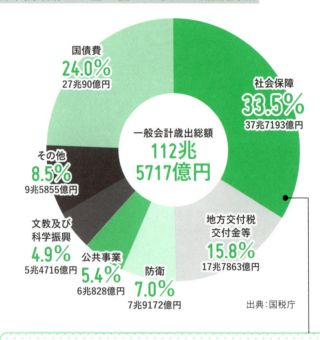

一般会計歳出総額
112兆5717億円

- 国債費 **24.0%** 27兆90億円
- 社会保障 **33.5%** 37兆7193億円
- 地方交付税交付金等 **15.8%** 17兆7863億円
- 防衛 **7.0%** 7兆9172億円
- 公共事業 **5.4%** 6兆828億円
- 文教及び科学振興 **4.9%** 5兆4716億円
- その他 **8.5%** 9兆5855億円

出典：国税庁

社会保障に予算の3分の1を使っている！

🏛 歳出の3分の1以上を占める社会保障費

「今の日本が抱える、一番大きな問題は何か」という質問に対する正解はないかもしれませんが、「今の日本は、何に一番お金を使っているのか」という質問には正解があります。

日本国政府は現在、1年間に110兆円を超えるお金を使っています。その3分の1、約33兆円が「社会保障関係費」です。

ちなみに、**1980年の社会保障費は約8兆円**でした。1990年の時点でも約12兆円しかかかっていません。
ここ数十年で3倍近く増え、現在、33兆円ものお金が投入されている「社会保障」とは、いったい何なのでしょうか?

🏛 「生存権」を保障する制度

日本国憲法第25条は、「すべて国民は、健康で文化的な最低限度の生活を営む権利を有する」と規定しています。この権利を「生存権」と呼びます。

国が「生存権」を認めている以上、自力で「健康で文化的な最低限度の生活」を営むことができない人がいた場合、国にはその人に対して何かしらのサポートをする義務が発生します。
このサポートこそが「社会保障制度」です。

少子高齢化や核家族・単身世帯の増加が進むと、その分、自分や家族だけの力で「健康で文化的な最低限度の生活」を営むのが難しい人が増えてくるため、社会保障制度の運営にかかる費用も増えていくわけです。

社会保障の種類

社会保障制度は4つの柱で構成されている

> 「社会保険」「公的扶助」
> 「社会福祉」「公衆衛生」

社会保障の4つの柱

社会保険

国民が納める保険料と税金で、年金・医療・介護・雇用に関するサポートを進めるしくみ

公的扶助

生活に困っている人を主に経済的にサポートするしくみ 生活保護と呼ばれることが多い

社会福祉

支援を必要とする人を、施設や相談所などを通じて、主に物理的にサポートするしくみ

公衆衛生

都道府県や大きい市の保健所を中心に、国民の健康の増進や伝染病の予防に取り組むしくみ

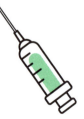

🏛 社会保険

日本の社会保障制度は「4つの柱」で構成されています。

1つ目の柱は「**社会保険**」です。

保険とは、普段からみんなで国や保険会社にお金を集めておき、万が一の事態が起きて困っている人に、その一部を支給するシステムです。

代表的なものに、「生命保険」や「地震保険」などがありますが、こういった保険は利益を出すことができるため、民間企業が運営するのが一般的です。

しかし、世の中には「年金保険」や「介護保険」といった、利益は出なくても多くの人が必要とする保険が存在し、そういった保険は国が運営します。これが「社会保険」です。

🏛 公的扶助、社会福祉、公衆衛生

2つ目は「**公的扶助**」です。いわゆる「生活保護」です。

3つ目は「**社会福祉**」です。児童養護施設や保育所、特別養護老人ホームといった福祉施設の運営が中心となります。

4つ目の「**公衆衛生**」は、各地の保健所などを中心に進められる、感染症や生活習慣病などの予防を促進する取り組みです。

以上、日本の社会保障制度を構成する4つの柱について、次のページからもう少し詳しく見ていきましょう。

社会保険

「社会保険」は年金・医療・介護・雇用・労災の5つ

▷ 納める人は減っていき、受け取る人は増えていく!?

現役世代（15〜64歳の人口）と高齢者の割合

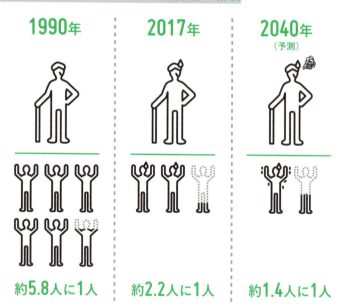

1990年	2017年	2040年（予測）
約5.8人に1人	約2.2人に1人	約1.4人に1人

少子高齢化が進み、現役世代の負担が大きくなる！

🏛 少子高齢化で年金保険には税金も投入

「社会保険」の中身を見ていきましょう。

まずは「**年金保険**」です。働くことが難しくなった高齢者の生活を支える、大切な保険です。

20歳以上の人が保険料を納め、65歳以上の人が受け取る、というのが年金保険の基本的なシステムです。

少子高齢化が進むにつれて、納める人は減り、受け取る人が多くなっていくため、国は保険料だけではなく、税金も投入する形で運営しています。

現在、約33兆円の社会保障費のうち、約3分の1、**約11兆円が年金保険を維持するために使われています。**

🏛 医療の「国民皆保険」はめずらしい!?

「年金保険」と同じくらいのお金が使われている、もうひとつの保険が「**(公的)医療保険**」です。私たちが普段、「健康保険」と呼んでいるものです。

この保険があるため、病院に行ったときの支払いは、原則、3割で済みます。会社で働く人や、その家族は、会社と折半して保険料を納め、保険証を受け取りますが、会社員でない人でも、役所に保険料を納めることで保険証を受け取ることができます。

この「国民皆保険」制度は、世界的には必ずしも「当たり前」の制度ではありません。

この他にも、40歳になったら保険料を納め始め、介護が必要になったときに必要なサービスを受ける「**介護保険**」、会社員になったら納め、失業した時に受け取る「**雇用保険**」、仕事中に負傷した場合などに給付される「**労災保険**」などが、国主導で運用されています。

公的扶助

「生活保護」とも呼ばれる「公的扶助」

 貧しい人の生活を支える最後のセーフティネット

生活保護負担金と被保護人員の推移

出典：厚生労働省

PART8 社会保障のキホン

🏛 近年は単身世帯の高齢者の受給が増加

社会保障制度を構成する4つの柱、2つ目は「公的扶助」です。

生活に困っていて、親戚のサポートなども受けられない人に対し、国や地方公共団体が生活や教育、医療などにかかる費用を支給しながら、必要に応じて自立を促進する制度です。

日本では一般的に「生活保護」と呼ばれています。

事前に皆で保険料を積み立てる「社会保険」と異なり、必要な費用を全額、国と地方公共団体が負担します。

左ページの資料のとおり、平成20年のリーマンショックの前後に受給者は急増しましたが、現在はほぼ横ばいの状態が続いています。厚生労働省の発表によると、2018年7月の時点で約163万世帯が生活保護を受給しているようです。

🏛 生活保護の見直しで減額!?

ごく一部の人が不正に受給していることが問題視されることもありますが、生活保護は、貧困に苦しむ人の命を支える最後のセーフティネットとして重要な意味を持っています。

厚生労働省は5年に1度、生活保護のうち、食費や光熱費といった生活費に当たる「生活扶助」の支給額を見直しています。

この見直しにより、2018年10月から26％の世帯が増額される一方で、65歳以上の単身世帯の76％、子どものいる世帯の43％で減額が実施され、「さらに生活が苦しくなる」との声も上がっているようです。

社会福祉・公衆衛生

皆の暮らしを支える「社会福祉」と「公衆衛生」

> 福祉施設の運営・監督や病気の予防の促進など

社会福祉と公衆衛生

社会福祉

児童、母子、心身障害者、
高齢者など、社会生活を送るうえで
支援を必要とする人々を支援する
例：「児童養護施設」や
　　「特別養護老人ホーム」の運営など

公衆衛生

「保健所」や「保健センター」
などを中心に、地域社会の人々の
健康を増進させ、疾病を予防する
例：予防接種や3歳児検診（母子保健）など

🏛 社会福祉とは

　何らかの事情で、保護者による保育を受けられない子どもや、家族による支援を受けられない高齢者など、社会生活を営むうえでハンデを背負っている人々を支援する制度が、「社会福祉」です。

「公的扶助」が、生活に困っている人を主に経済的に支援する制度であったのに対し、「社会福祉」では物理的な支援も多く提供されます。

　代表的なものとしては、施設での保護が必要な子どもたちに生活の場を提供する「児童養護施設」や「医療型障がい児入所施設」、「特別養護老人ホーム」などの運営が挙げられます。

　保護者が働いているなど、何らかの理由で保育を必要とする子どもの保育を行う**「保育所（保育園）」も、児童福祉施設の一種**です。

🏛 公衆衛生とは

　社会保障制度を構成する4つ目の柱は「公衆衛生」です。

　主に全国の都道府県や大きな市に設置されている「保健所」や、市町村の「保健センター」を中心に、感染症や生活習慣病などの予防を促進する取り組みが進められています。

　1歳6ヵ月児検診や3歳児検診なども、「母子保健」と呼ばれる公衆衛生のひとつです。

生存権

国が保障するべき生活水準に関する議論

> 2018年10月から段階的な生活保護費の減額が始まる

生活保護の種類

扶助の種類	内容
生活扶助	食費や被服費、光熱費等、日常生活に必要な費用
住宅扶助	アパートなどの家賃
教育扶助	義務教育を受けるのに必要な学用品費
医療扶助	医療サービスの費用
介護扶助	介護サービスの費用
出産扶助	出産費用
生業扶助	就労に必要な技能の修得などにかかる費用
葬祭扶助	葬祭費用

※いずれも定められた範囲内や基準額で支給

「朝日訴訟」とは

　憲法25条が保証する「生存権」について、1950年代から60年代にかけて争われた、「朝日訴訟」と呼ばれる有名な裁判があります。

　結核患者であった朝日茂さんの主張は、**1枚の肌着で2年、1枚のパンツで1年過ごすことなどを前提とした当時の生活保護の支給基準**は、憲法25条の「健康で文化的な最低限度の生活を営む権利」を保障する水準には及ばないというものでした。

　上告中に朝日さんが亡くなったことを理由に、最高裁は訴訟を終了させましたが、この裁判はその後の生活保護のあり方に大きな影響を与えました。

　裁判所は、原則として、何が健康で文化的な最低限度の生活であるかの判断は国に広くゆだねられるという見方をしています。

生活保護受給世帯のクーラー保有を容認

　1994年には埼玉県桶川市で、79歳の女性がクーラー保有を理由に生活保護の打ち切りを通告され、クーラーを外した結果、脱水症状で倒れた、という事件がありました。

　この年、当時の厚生省は生活保護受給世帯のクーラー保有を認めました。酷暑の到来が予想された2018年6月には、厚労省が一定の条件を満たした世帯に、エアコン購入費用の支給を上限つきで認める決定を下しました。

　2018年10月から、生活保護を受給している世帯の約7割で生活保護費の減額が実施されるのに伴い、生存権を定める憲法25条に基づいた減額の取り消しなどを求める集団訴訟が増えることが予想されます。

中学入試レベルの問題にチャレンジ！⑧

(聖光学院中学校　2018年第1回より一部改題)

日本は豊かな経済大国であると多くの人々は思っているかもしれません。しかし、最近は貧困や格差に関する問題を耳にすることが増えてきました。このことにはさまざまな理由や事情がありますが、こうした問題に関連して、次の日本国憲法第25条を読んで、あとの問いに答えなさい。

　　第25条
　　第1項　すべて国民は、①健康で文化的な最低限度の生活を営む権利を有する。
　　第2項　国は、すべての生活部面について、②社会福祉、社会保障及び公衆衛生の向
　　　　　上及び増進に努めなければならない。

問1．下線部①について、次のA、Bの問いに答えなさい。

A：この「生活」が確保されていたかが争われた事件に「朝日訴訟」という事件があります。この訴訟では、どのような生活が「健康で文化的な最低限度の生活」にあたるのかは、担当大臣の裁量に委ねられる……という判断が下されました。この担当大臣として正しいものを、次のア～エの中から1つ選び、記号で答えなさい。なお選択肢は、事件当時の名称を用いています。

　　ア：大蔵大臣　　　イ：通産大臣　　　ウ：厚生大臣　　　エ：文部大臣

　　　　　　　　　　　　　　　　　　　　　　　　　　　　答え：＿＿＿＿＿＿

B：「文化的な生活」を国民が送ることができるようにするために設けられている制度として最もふさわしいものを、次のア～エの中から1つ選び、記号で答えなさい。

　　ア：累進課税制度　　　　イ：義務教育制度
　　ウ：国家戦略特区制度　　ウ：地方自治制度

　　　　　　　　　　　　　　　　　　　　　　　　　　　　答え：＿＿＿＿＿＿

問2．下線部②について、次のA、Bの問いに答えなさい。

A：「社会福祉」は社会的弱者を救済するための施策を意味します。こうした施策にはあてはまらないものを、次のア～エの中から1つ選び、記号で答えなさい。

　ア：知的障害のある方の働く作業所を設置する。
　イ：児童が放課後に過ごすことができる施設を設置する。
　ウ：高齢者が入居できる老人ホームを設置する。
　エ：失業者に職業を紹介する施設を設置する。

答え：＿＿＿＿＿＿

B：「公衆衛生」は、感染症対策の予防接種事業や、ペットの犬や猫の管理、必要に応じた消毒作業等を実施する施策ですが、その主体となる組織を、次のア～エの中から1つ選ぶ、記号を答えなさい。

　ア：福祉事務所　　　　イ：消防署
　ウ：労働基準監督署　　エ：保健所

答え：＿＿＿＿＿＿

問3．文中の波線部について、次の問いに答えなさい。

生活水準を示す指標の1つに「エンゲル係数」というものがあります。この指標は、「自由に使えるお金のうち（a）に使われている割合」のことで、この値が高ければ高いほど生活が苦しいと、一般的には考えられています。なお2016年、わが国の2人以上の世帯におけるこの値は25.8％で、これは1987年以来の高水準となっています。この（a）に入る語句を漢字で答えなさい。

答え：＿＿＿＿＿＿

解答・解説

　中高一貫校の社会の入試問題の内容や形式は、学校により千差万別ですが、その中でも、神奈川の名門、聖光学院中学校の社会は総合的に見てもっとも難しい部類に入ります。毎年、問1のBや問2のAのような、単純暗記では解けない問題が数多く出題されています。

問1．A：ウ　　B：イ
　憲法第25条は「生存権」についての規定です。「生存権」は、「勤労権」や「教育を受ける権利」などとともに「社会権」のひとつに分類されます。問1のBの4つの選択肢の中で、社会権に関わるのはイの「義務教育制度」のみですので、イが答えとなります。

問2．A：エ　　B：エ
　「社会福祉」は、「生存権」を保障するために国が運営する「社会保障制度」のひとつです。問2のAのエの「失業者に職業を紹介する施設」すなわちハローワークは、憲法第27条が規定する「勤労権」を保障するための制度ですので、エが答えとなります。

問3．食費

おわりに

🏛 ここ10年の日本の政治

2019年5月1日、新天皇の即位に伴い、約30年続いた平成が終わりを告げ、新たに令和の世が始まりました。

そして、2020年9月には、長きにわたって日本国の舵取りを続けた安倍晋三内閣総理大臣が総辞職を決断しました。

第一次安倍内閣から福田内閣、麻生内閣、そして旧民主党政権に至る時期を経験している私たちは、短期政権と長期政権、「ねじれ」ている国会とそうでない国会、それぞれの特徴を十分に目にしてきました。

2012年12月、第二次安倍内閣が成立。安倍内閣は、歴代最長の桂太郎内閣、戦後最長の佐藤栄作内閣を超える、日本憲政史上最長の政権となりました。

短命な政権が続く状態は、国益という観点から見るとデメリットのほうが大きいでしょう。しかし、安倍内閣の長期化に伴い、長期政権の弊害が語られるシーンも増えました。

2021年9月、安倍氏は新型コロナに揺れる日本の舵取りを菅義偉氏に託すかたちで退陣します。

その後、2022年7月に彼を襲った悲劇は、国内外を問わず多くの人に衝撃を与えるものでした。事件をきっかけに、政権与党と宗教団体の関係も注目を集めることになりました。

🏛 正解のないところに「答え」を見出す

政治は、税制度や社会保障、子育て支援、トラブルの解決など、様々な局面で私たちの生活に強い影響を及ぼします。

私たちの暮らしに密着したものだからこそ、政治に関する客観的な

正解は存在しません。

　客観的な正解が存在しないところに、皆で知恵を絞り、話し合い、より良い「答え」に至ろうとする過程こそが政治の本質なのだと思います。

　思考や議論を有意義なものにするためには、私たち1人ひとりが、前提となる「言葉の意味」や「理屈」、「手続き」についての理解を深めておく必要があります。

　本書が世に出るにあたり、政治に関する理解をもっとも深めることができたのは、他でもない著者自身かもしれません。
　とはいえ、本書が、1人でも多くの方に、政治について「わかった！」という感覚を提供できたとしたら、著者として望外の喜びです。

　本書を手に取ってくださったすべての方と、本書の制作に関わってくださったすべての方に心からの感謝を申し上げて、終わりの言葉とさせていただきます。

　ありがとうございました。

〈参考文献〉
『憲法　第六版』芦部信喜著、髙橋和之補訂（岩波書店）
『憲法とは何か』長谷部恭男（岩波書店）
『行政学』曽我謙悟（有斐閣）
『地方自治講義』今井照（筑摩書房）
『人口減少と社会保障』山崎史郎（中央公論新社）

〈著者紹介〉

馬屋原吉博（うまやはら・よしひろ）

◇――中学受験専門のプロ個別指導教室SS-1社会科講師。中学受験情報局「かしこい塾の使い方」主任相談員。
大手予備校・進学塾で、大学・高校・中学受験の指導経験を積み、現在は完全1対1・常時保護者の見学可、という環境で中学受験指導に専念している。開成、灘、桜蔭、筑駒といった難関中学に、数多くの生徒を送り出す。

◇――必死に覚えた膨大な知識で混乱している生徒の頭の中を整理し、テストで使える状態にする指導が好評。バラバラだった知識同士がつながりを持ち始め、みるみる立体的になっていく授業は、生徒はもちろん、保護者も楽しめると絶大な支持を得ている。

◇――著書に『今さら聞けない！政治のキホンが2時間で全部頭に入る』『今さら聞けない！世界史のキホンが2時間で全部頭に入る』（すばる舎）、『頭がよくなる 謎解き 社会ドリル』（かんき出版）、『中学受験 見るだけでわかる社会のツボ』（青春出版社）、『カリスマ先生が教える おもしろくてとんでもなくわかりやすい日本史』（アスコム）などがある。

◎うまちゃん先生のオンライン個別指導
https://www.haru-mina.com/

今さら聞けない！政治のキホンが2時間で全部頭に入る

2018年11月 9日	第 1 刷発行
2025年 4月18日	第12刷発行

著　者―――馬屋原吉博

発行者―――德留慶太郎

発行所―――株式会社すばる舎

　　　　　　東京都豊島区東池袋3-9-7 東池袋織本ビル　〒170-0013
　　　　　　TEL　03-3981-8651（代表）　03-3981-0767（営業部）
　　　　　　FAX　03-3981-8638
　　　　　　http://www.subarusya.jp/

印　刷―――シナノ印刷株式会社

落丁・乱丁本はお取り替えいたします
©Yoshihiro Umayahara　2018 Printed in Japan
ISBN978-4-7991-0747-8